1936
-1948

中共中央在延安

——一个马克思主义政党的崛起

本书编写组◎著

人民出版社　研究出版社

图书在版编目 (CIP) 数据

中共中央在延安：一个马克思主义政党的崛起 /
《中共中央在延安：一个马克思主义政党的崛起》编写组
著 . -- 北京：研究出版社，2019.7

ISBN 978-7-5199-0651-1

Ⅰ . ①中… Ⅱ . ①中… Ⅲ . ①中国共产党－党史－研
究－1936-1948 Ⅳ . ① D231

中国版本图书馆 CIP 数据核字 (2019) 第 117159 号

出 品 人：赵卜慧
责任编辑：刘春雨　王世勇
特约编辑：庞贺鑫

中共中央在延安：一个马克思主义政党的崛起

ZHONGGONG ZHONGYANG ZAIYANAN：YIGE MAKESI ZHUYI ZHENGDANG DE JUEQI

本书编写组　著

人民出版社 研究出版社 出版发行

（100011 北京市东城区隆福寺街 99 号）

河北赛文印刷有限公司印刷　新华书店经销

2019 年 7 月第 1 版　2021 年 5 月北京第 5 次印刷
开本：710 毫米 × 1000 毫米 1/16　印张：16.25
字数：207 千字

ISBN 978-7-5199-0651-1　定价：58.00 元

邮购地址 100011　北京市朝阳区安华里 504 号 A 座
电话（010）64217619　64217612（发行中心）

前 言

1948 年 3 月 23 日，毛泽东、周恩来、任弼时率领中共中央机关和人民解放军总部，从陕北吴堡县的川口渡口渡过滔滔黄河。他们将穿过晋绥解放区，前往河北平山县的西柏坡，迎接全国革命的最后胜利。

经过 20 分钟的航行，毛泽东乘坐的木船平稳抵达黄河东岸。他徐徐回望对岸那片黄土地，深情地说了一句："陕北是个好地方！"

就是在这个地方，毛泽东和自己的同志战斗与生活了 13 年。

就是在这 13 年里，中国共产党从少年走向成年、从幼稚走向成熟，实现了由小到大、由弱到强、转败为胜的历史性转变。

13 年前，也就是 1935 年 10 月 19 日，中共中央和中央红军历经二万五千里的长征，落脚陕北。此时，革命的队伍从出发时的八万之众，锐减到六千多人。

1937 年 10 月，《红星照耀中国》（中译版本书名为《西行漫记》）在伦敦维克多·戈兰茨公司第一次出版之前，西方世界对延安这个边陲小城以及荒凉的陕北几乎一无所知。一向忌惮共产党的国民党，在进行五次"围剿"后依然对共产党和红军不依不饶，延安处于国民党铜墙铁壁般的封锁与孤立之中。

埃德加·斯诺在进入西北红色区域之前，听到的是截然不同的两种说法：一种说法是红军"只不过是几千名饥饿的土匪"；另一种说法是"红军和苏维埃是中国要摆脱一切弊害祸患的唯一救星"。斯诺几经辗转，经过长途跋涉，终于来到红色区域，并在这里待了 4 个多月。他与这里的农民、战士、工人、少年以及中共中央的领袖，如毛泽东、周恩来、朱德，都有过亲切的交谈，感受到生活在这里的人们的精神、力量和热情。

1937 年 1 月 25 日，美国的《生活》杂志发表了一组特殊的照片，标题是《中国漂泊的共产党人的首次亮相》，作者是斯诺。这组照片是斯诺 1936 年在宁夏与强渡大渡河的英雄们的合影。照片中的毛泽东戴着八角帽——帽子还是临时借斯诺的，神态自若且神采奕奕。照片下面还有一个简单的注释："毛是他的名字，他的头值 25 万美元。"

《生活》杂志中的"编者按"还给出了这样的结论：中国共产党的军队几乎是神秘的。将近十年的时间里，他们行踪不定，与蒋介石委员长的国民政府进行战斗。下面发表的这些关于漂泊的红军的照片，是第一次被带到国外。他们的领导者毛泽东被称作"中国的斯大林"，或者"中国的林肯"。[1]

通过斯诺，延安及中共红色政权第一次在世界亮相。红星，开始在世界闪耀。世界，包括美国重新打量中国，他们为中国共产党顽强的生命力与革命热情所震撼，而日益严峻的国际形势则使得人们逐渐消除意识形态的隔阂，组成统一战线。

共产党积极要求停止内战，组成抗日民族统一战线。《西行漫记》中记载，毛泽东说："中国民族解放运动的胜利是国际社会主义胜利的一部分，因为中国打败帝国主义意味着摧毁帝国主义最强大的一个根据地。

---

[1] 参见李辉：《封面中国 2——美国〈时代〉周刊讲述的故事（1946—1952）》，长江文艺出版社 2012 年版。

如果中国赢得了独立，世界革命就会非常迅速地发展。如果我国遭到敌人的征服，我们就会丧失一切。对于一个被剥夺民族自由的人民，革命的任务不是立即实现社会主义，而是争取独立。如果我们被剥夺了一个实践共产主义的国家，共产主义就无从谈起。"

我们的镜头再拉到世界上的宏大叙事。1943 年，第二次世界大战局势的改变，对延安的发展极为有利。这一年，苏联取得斯大林格勒战役的胜利，西方同盟国在北非开始所向披靡，而美国海军在太平洋战争中占据主动优势，美军还准备向东京发动进攻。被多方牵制、战线拉得过长、疲于应付的日本开始收缩战线，放松了对华北各抗日根据地和陕甘宁边区的进攻。相对和平的环境，为延安发展提供了新的发展机遇。随着延安更多地被世界所知，以及中国共产党领导的八路军、新四军等人民武装力量在抗日战争中发挥越来越重要的作用，出于共同对日作战的需要，美国政府在目睹国民党政府的消极抗战后，开始对中国共产党越发感兴趣。

1944 年 11 月 7 日下午，一位不速之客飞抵延安。

当这位身着漂亮军服、胸前佩戴多枚勋章的美国将军跨出机舱时，站在欢迎队伍前面的周恩来，急忙询问身边的美军观察组组长包瑞德上校："这位贵宾是谁？"当周恩来得知他就是美国总统特使赫尔利将军时，立刻就说："请您先在这儿陪陪他，我马上去请毛主席。"

一场戏剧性的会见就此拉开序幕。

在机场上，赫尔利见到了传说中的毛泽东，也兴致勃勃地检阅了临时赶来的一个连充当的仪仗队。检阅完毕，赫尔利高兴极了，他像个小伙子那样挺直身板，冲着这支朴素而又充满力量的队伍，高喊了一声印第安人战斗时的呼号。这个意思为"冲啊"或者"胜利"的呼喊，由于突兀和超出常规，使毛泽东、周恩来的脸上流露出让人"永远难忘的一种表情"（包瑞德语）。

赫尔利身为总统特使，当然具有美国特有的价值观和强烈的美国意识。不久前，当美国副总统华莱士访华时就向中国政要传达了总统的意愿：中国共产党和国民党的党员都是中国人，他们基本上是朋友。"朋友之间总有商量的余地。"如果双方不能够达成一致，还可以找一个朋友当中间人。罗斯福表示，为了中国，也为"制止及惩罚日本之侵略"（《开罗宣言》），他愿意当这个朋友。于是，为了做好中间人，也为更进一步了解中国，尤其要弄懂延安，以便为战后的世界格局考虑，罗斯福选中了赫尔利。

赫尔利无法代替罗斯福的大脑，但至少可以充当他的眼睛。在此之前，在罗斯福的有关中国的思维里，延安犹如神秘的星球。从埃德加·斯诺的《西行漫记》，到荷兰人布朗基、法国人乔丹和魏尔曼、英国人邦得和林迈可关于延安的报道和情报，都无一例外地证明了延安的魅力和成功。延安的神秘就像世界政治角力场上的"百慕大三角"，曾经使许多持不同政见者陷落。罗斯福知道赫尔利是个不会轻易被打动的人，由赫尔利审视梳理延安，或许会纠正这些西方观察家们浪漫而偏颇的视点。但是，这次零距离造访延安，仍然改变了赫尔利。

这时该轮到重庆的蒋介石惊讶了。

看到从延安归来、被共产党使了魔法似的赫尔利，蒋介石不禁惊呼："完全上了中共的当……赫尔利糊涂，完全以为他们有道理，为他们说话。"①

　　自 1944 年 7 月 22 日抵临延安，到 1947 年 3 月 11 日撤离，在近 3 年的时光里，美军观察组曾经用他们的眼睛与心，触摸到真实的延安，并一度影响着白宫的判断。

　　美国国务卿艾奇逊曾表达了他极其复杂的心情："中国内战不祥的结局超出美国政府控制的能力，这是不幸的事，却也是无可避免的。在我国能力所及的合理的范围之内，我们所做的以及可能做的一切事情，都无法改变这种结局；这种结局之所以最终发生，也并不是因为我们少做了某些事情。这是中国内部各种力量的产物，我国曾经设法去左右这些力量，但是没有效果。"②

　　尽管美国在中国局势的关键节点放弃了共产党，但这并不妨碍延安已经"红"遍世界。来到延安的外国人，很多人一开始戴着意识形态的有色眼镜，最后却不得不承认，这是一个尊重人民、能给人民带来福祉的地方。

　　谁能够想到，短短 13 年后，中共中央离开陕北时，全国党员已近 300 万人，人民军队也是百万雄师，解放战争的胜利曙光已经照进中国大地。

　　走过 13 年，回首 30 年。1921 年 7 月，包括毛泽东在内的 13 位马克思主义者，在浙江嘉兴南湖的一只小木船里，揭开了中国近代史上开天辟地的一幕——宣告成立中国共产党。从那时起，她承载民族复兴的希望，穿过急流越过险滩，终于在黄河边的延安发展成为一艘劈波斩浪、

---

① 　1945 年 1 月 29 日，蒋介石召集国民党中常委元老等负责人时的谈话。
② 　《毛泽东选集》(第四卷)，人民出版社 1960 年版。

不断前行的巨轮。就像这九曲十八湾的黄河，一路蜿蜒而行，在陕北宜川县壶口乡猛然爆发，急流喷壁，浊浪排空，惊涛拍岸，势不可当。

中国共产党为什么能绝处逢生？历史为什么选择了中国共产党？

让我们重返岁月的长河，追寻这只革命之船在延安的足迹，重温那些令人心潮澎湃的故事，让历史告诉现在，让历史启迪未来。

目 录
CONTENTS

第一章

创新理论：

马克思主义必须有中国气派

2015 年 2 月 13 日，农历乙未年春节前夕，中共中央总书记习近平来到延安的梁家河村，向革命老区和全国各族人民祝贺新春。

这个黄土高原沟壑之中的小村落，对习近平有着特殊的意义。1969 年 1 月，只有 15 岁的他，从北京来到这里插队落户，直到 1975 年被推荐到清华大学读书。

在梁家河村的 2400 多个日子里，习近平过着简单而充实的生活：早上天亮起来上山干活儿，10 点多回来自己做饭，吃过饭后 11 点多再上山干活儿，干完活儿晚上再看两个小时的书。这位"能吃苦，干实事，好读书"的下乡知青，很快成为乡亲们信任的"憨后生"，不仅入了党，而且被选为大队党支部书记。

梁家河村是习近平挥洒 7 年青春的第二故乡，也是他理解人生、认识中国社会、读懂马克思主义的起点。

在《我是黄土地的儿子》这篇回忆文章中，他满怀深情地说："我的成长、进步应该说起始于陕北的七年"，最大的收获就是"让我懂得了什么叫实际，什么叫实事求是，什么叫群众。这是让我获益终生的东西"。

正是受益于此，习近平离开延安的 40 年间，一步一个脚印，从最基层的大队党支部书记，到县委书记、地委书记、省委书记，一直做到领导 13 亿多中国人民的中共中央总书记。

埃德加·斯诺（1905—1972）

美国新闻记者、作家，生于美国密苏里州堪萨斯城，毕业于密苏里大学新闻系。埃德加·斯诺于1928年来华，曾任欧美几家报社的驻华记者、通讯员。1933年4月到1935年6月，斯诺同时兼任北平燕京大学新闻系讲师。1936年6月斯诺访问陕甘宁边区，写了大量通讯报道，成为第一个采访红区的西方记者。抗日战争爆发后，又任《每日先驱报》驻华战地记者。1942年去中亚和苏联前线采访，离开中国。新中国成立后，曾三次来华访问，1972年2月15日，因病在瑞士日内瓦逝世。遵照其遗愿，其一部分骨灰葬在中国，地点在北京大学未名湖畔。

什么叫实际，什么叫实事求是，什么叫群众？这是一个人，更是一个政党必须面对和回答的问题。

将历史的时针回拨80年，也就是1935年10月19日，中共中央和中央红军经过一年的艰苦跋涉，到达陕北吴起镇，为二万五千里的长征画上了句号。到1948年3月23日，在吴堡县川口渡口东渡黄河，中共中央在陕北和延安战斗生活了13年。

就是在延安，就是在陕北这片贫瘠的黄土地上，中国共产党犹如一个人，从少年走向成年、从幼稚走向成熟，实现了由小到大、由弱到强、转败为胜的历史性转变。正因为如此，延安被称为中国革命的圣地，延安13年的峥嵘岁月被称为扭转乾坤的"黄金时代"。

这样的历史性转变，究竟从何而来？说一千，道一万，归根结底就是：全方位加强党的建设，切实解决党自身存在的问题，做到了"打铁还需自身硬"。而最为重要的，无疑是"懂得了什么叫实际，什么叫实事求是，什么叫群众"。这是习近平在陕北7年的最大收获，也是中共中央高举思想旗帜、引领时代潮流、书写革命史诗的奥秘所在。

拿什么武器来拯救中国

在许多清幽的花园里，人们很难相信在金碧辉煌的宫殿的大屋顶外边，还有一个劳苦的、饥饿的、革命的和受到外国侵略的中国。在这里，饱食终日的外国人，可以在自己的小小的世外桃源里过着喝威士忌酒掺苏打水、打马球和网球、闲聊天的生活，无忧无虑地完全不觉得这个伟大城市的无声的绝缘的城墙外面的人间脉搏……

——埃德加·斯诺《西行漫记》[①]

20世纪30年代，年轻的美国记者埃德加·斯诺在城墙外看到的人间脉搏，正跳动着悲怆、凄凉、隐忍以及不同势力的恩怨纠葛……中国，这个曾经古老且辉煌的国家，自鸦片战争以来，正发生着"三千年未有之变局"，深一脚浅一脚地走在支离破碎的路上。

国破丧权之辱，粉墨登场的军阀混战，接踵而至的政治游戏……多重人祸，再加之天灾，生灵涂炭。中国，这个饱受外来侵略者凌辱、四分五裂的国家，几乎再也找不到一个安身立命之所。

举国上下，笼罩着浓浓的战争阴霾。自晚清，中国便处于乱局，战争不断。1930年春夏之交，发生了战线绵延数千里的中原大战，从1930年11月开始，蒋介石又对共产党部队连续发动了五次"围剿"。战乱不但带来血腥与杀戮，普通人的生命更被视作草芥，整个中华民族被拖入灾难的深渊。

除了内忧，还有外患。

[①] 参见［美］埃德加·斯诺：《西行漫记》，董乐山译，东方出版社2010年版。

中原大战

1930 年 4 月，阎锡山、冯玉祥、李宗仁、张发奎联合发动围攻蒋介石的战争，是中国近代史上一次规模最大、耗时最长的军阀混战。

斯诺在《西行漫记》中这样写道：由于南京对日本采取"不抵抗政策"，中国把五分之一的领土，百分之四十以上的铁路线，百分之八十五的荒地，一大部分的煤，百分之八十的铁矿，百分之三十七的最佳森林地带以及百分之四十左右的全国出口贸易丢给了日本侵略者。日本现在还控制了中国剩下来的地方的百分之七十五以上的全部铣铁和铁矿企业，中国一半以上的纺织业。对东三省的征服，不仅从中国夺去了它最方便的原料来源，而且也夺去了它自己最好的市场。

我的家在东北松花江上，

那里有我的同胞，

还有那衰老的爹娘。

九一八，九一八，

从那个悲惨的时候，

九一八，九一八，

从那个悲惨的时候，

脱离了我的家乡，

抛弃那无尽的宝藏，

流浪！流浪！

整日价在关内，流浪！

…… ……

一曲《松花江上》，在中国各地传唱，人们的抗日情绪空前高涨，学生们纷纷游行请愿。1936年12月9日，西安等城市举行纪念"一二·九"运动的示威游行，学生高呼"东北军打回老家去，收复东北失地"。这些义愤填膺的学生或许还未预料到，此后不到一年的时间，即1937年7月7日，日本军队在北平附近的卢沟桥对中国军队发起攻击。北平、上海以及首都南京陆续沦陷，日军还在南京实施了大屠杀，致使30多万中国军民丧生，其惨绝人寰的行径令人发指。日本宣布将在3个月内灭亡中国。

在广袤的农村，没有进行土地革命的地区，贫困普遍存在着。中国农村的赋税沉重，很多人因无力缴付地租而负债累累，一旦饥荒来临，他们因毫无粮食储备，而只能挨饿。随着农民的集体衰落，越来越多的土地与财富集中到少数地主和放高利贷者手中。

工人的日子也好过不到哪里去。毛泽东在《中国社会各阶级的分析》中讲道，"他们失了生产手段，剩下两手，绝了发财的望，又受着帝国主义、军阀、资产阶级的极残酷的待遇"。而为我们所熟知的夏衍的《包身工》对工人的悲惨境地进行了情景再现：

两粥一饭，十二小时工作，劳动强化，工房和老板家庭的义务服役，猪猡一般的生活，泥土一般的作践，——血肉造成的"机器"终究和钢铁造成的不一样；包身契上写明的三年期限，能够做满的不到三分之二。工作，工作，衰弱到不能走路还是工作，手脚像芦柴棒一般的瘦，身体像弓一般的弯，面色像死人一般的惨！咳着，喘着，淌着冷汗，还是被逼着在做工。

在那个社会救济乏力的时代，一个天灾就会让一个人、一个家庭、一个地区乃至整个省份遭遇灭顶之灾。

1939年，华北地区的霍乱流行夺去了2万人的生命。1943年，旱灾加上日本人抢劫粮食，导致整个华北地区数百万人饿死……

林语堂在《吾国与吾民》中这样描述中国：今天的中国，无疑是这个地球上最混乱、最受暴政之苦、最可悲、最孤弱、最没有能力振作起来稳步向前的国家。上帝——如果有上帝的话——本意是要中国成为世界各民族中第一流的民族；她自己却在国联中选择了一个靠后的位子。

"山穷水尽诸路皆走不通了的一个变计"

谁来拯救中国？

1840年鸦片战争以后，中国在帝国主义铁蹄的践踏下，山河破碎，民族危亡。实现民族独立和国家富强，成为近代中国的两大历史任务。一代又一代的中国先进分子，担当起历史的使命，进行了各种尝试。旧式的农民起义，洋务派的"中学为体，西学为用"，维新派的戊戌变法等，在有力地推进了历史进程的同时最后都归于失败。孙中山领导的辛亥革命，结束了2000多年的封建专制统治，传播了民主共和理念，极大地推动了中华民族思想解放。

而由蒋介石领导的国民党政府，倒行逆施，横征暴敛。日本在华北虎视眈眈，蒋介石为谋一己私利还在全力"剿共"，并不惜血腥杀戮；国民党内部腐败横行；在经济上对农民课以重税，勒索企业，贩毒。

在"剿共"过程中，当国民党明白老百姓才是共产党的根基时，他们又对老百姓进行了毁灭式的杀戮。共产党军事将领徐海东告诉斯诺：

到1933年12月，整个鄂豫皖有一半已成了荒地。在这一度富饶的地方，留下的房子极少，牛都被赶走，土地荒芜，"白军"占领的村子无不尸积成山。湖北有4个县，安徽有5个县，河南有3个县都几乎被破坏。

美国《时代》周刊记者白修德在中国待了近8年，走遍大江南北，目睹了1942年河南大饥荒。这场他"最刻骨铭心的记忆"，让他对蒋介石的看法"从起初的尊敬和仰慕，变为怜悯和唾弃"。

1942年，由于旱灾，河南出现大饥荒，人们开始吃草根、树皮，直到草根被挖完、树皮被剥光，灾民大量死亡，甚至出现人吃人的惨状。然而，国民政府仍忙于战事准备，不仅不赈灾，还继续征税。某位国民党官员甚至扬言："如果人民死了，土地还是中国的；如果军队挨饿，日本人就要来占领中国土地了。"

在河南，难民们，包括不断哀叫"可怜"的孩子们，将白修德等人团团围住：

他们泪痕满面的、乌黑的、在寒冷之中濒于绝望的脸色，使我们感到惭愧。中国孩子健康时是美丽的，健康时他们的头发有漂亮的自然油泽的光彩，他们的眼睛像杏仁一样闪动。可是这些瘦得不像样的人，应该是眼睛的地方，却是充满着脓水的窟窿；营养不足使他们的头发干枯；饥饿弄得他们的肚子鼓胀起来；天气吹裂了他们的皮肤。他们的声音已退化为只管要求食物的哀啼。

一路上哀鸿遍野，白修德不断地听到人们的呼吁："停止征税吧，饥荒我们受得了，但赋税我们吃不消。只要他们停止征税，我们是能够靠树皮和花生壳活命的。"

白修德甚至亲耳听到人吃人的消息，而郑州的政府长官们宴请白修德的菜单上却有着"莲子羹、辣子鸡、栗子炖牛肉、春卷、热馒头、大米饭、豆腐煎鱼等，还有两道汤，三个馅饼，饼上撒满了白糖"等奢侈菜品。从河南返回重庆，白修德见到蒋介石，蒋介石否认"人吃人"，也不承认仍在征税。

尽管蒋介石后来也采取了赈灾补救措施，但河南大饥荒依然让白修德从蒋介石的拥护转为对他失望透顶。

白修德事后回忆：

我过了一年才发现，国民政府中任何一个英语流利的高级官员都同自己的人民完全脱节。而且对本国人民，甚至对重庆这座古老城市都一无所知，要想找他们了解一点中国的真实情况完全是徒劳的。

一个政府，与它的人民脱节，这是这个政府的灾难，也是人民的灾难，一个王朝的丧钟势必敲响。

旧秩序轰然倒塌，人们身不由己地被卷入大时代的动荡中。经过多次看似地动山摇般的改朝换代、改良与革命……无数次为浸染在灾难巨流中的人们带来希望。然而，曾经蓄积出来的骇人能量终究冷却，没有任何一个人、一个政党开出救国济民的良药。

棋局未卜，谁能够在这个凋敝的时代出手，力挽狂澜，给人们以希望？

来自美国的两名记者，白修德在华北看到了绝望，斯诺却在西北看到了希望。

这里，肯定地说，存在着人们要起来反对的东西，即使他们还没有斗争的目标！因此，当红星在西北出现时，难怪有千千万万的人起来欢迎它，把它当作希望和自由的象征。

共产党、马克思主义是舶来品。"十月革命一声炮响，给我们送来了马克思列宁主义。"马克思主义在中国广泛传播，社会主义思潮在中国风起云涌，越来越多的进步青年以马克思主义为坚定的政治信念。在当时颇具影响力的《东方杂志》上，有人感慨地说：社会主义在今日的中国，仿佛"雄鸡一鸣天下晓"。1918年11月，北京大学图书馆主任李大钊在天安门广场接连发表题为《庶民的胜利》《布尔什维主义的胜利》的演说。他热情洋溢地告诉世人：俄国十月革命的胜利，是社会主义的胜利；试看将来的环球，必是赤旗的世界。25岁的毛泽东，就在现场听众之中。从此以后，毛泽东开始深入了解俄国革命和马克思主义，并将其与其他"主义"进行比较，最终建立起对马克思主义的信仰。18年后的1936年7月，毛泽东在陕北保安的窑洞中对美国记者埃德加·斯诺回忆说："我一旦接受了马克思主义是对历史的正确解释以后，我对马克思主义的信仰就没有动摇过。""到了1920年夏天，在理论上，而且在某种程度的行动上，我已成为一个马克思主义者了。"随着1920年8月中国第一个共产党组织在上海成立，在中国先进知识分子的推动下，各地党组织纷纷建立。

1921年7月23日，中国共产党第一次全国代表大会召开。

蔡和森（1895—1931）

字润寰，号泽膺，湖南省双峰县永丰镇人。中国共产党早期的重要领导人，杰出的共产主义战士，无产阶级革命家、理论家和宣传家。

包括毛泽东在内的 13 位一大代表，在这里揭开了中国近代史上开天辟地的一幕——成立中国共产党。古老落后的中国，出现了完全新式的，以马克思列宁主义为行动指南的，以实现社会主义和共产主义为奋斗目标的无产阶级政党。党的一大确定了党的政治理想，以实现社会主义、共产主义作为奋斗目标，并形成了党的纲领：革命军队必须与无产阶级一起推翻资产阶级的政权；承认无产阶级专政，直到阶级斗争结束，即直到消灭社会的阶级区分；消灭资产阶级私有制，没收机器、土地、厂房和半成品等生产资料，归社会公有；联合共产国际。

新的革命火种，在中国大地上点燃。

直至今天，还有不少人认为，当时如果不选择马克思主义、不选择革命手段，中国的现代化会更早更好地实现。这种看法完全脱离了客观的社会条件。当时，民族矛盾和社会矛盾异常尖锐，特别是中华民族处于生死危机的关头，决定了只能走革命道路。正如毛泽东 1920 年 12 月在信中对蔡和森所说："我看俄国式的革命，是无可如何的山穷水尽诸路皆走不通了的一个变计，并不是有更好的方法弃而不采，单要采这个恐怖的方法。""山穷水尽诸路皆走不通"后的选择，自然是最切合当时中国实际的选择。从这个意义上说，选择马克思主义，走俄国革命的道路，都是"实事求是"的结论。

正如斯诺对毛泽东的观察：

你觉得这个人身上不论有什么异乎寻常的地方，都是产生于他对中国人民大众，特别是农民——这些占中国人口绝大多数的贫穷饥饿、受剥削、不识字，但又宽厚大度、勇敢无畏、如今还敢于造反的人们——的迫切要求做了综合和表达，达到了不可思议的程度。假使他们的这些要求以及推动他们前进的运动是可以复兴中国的动力，那么，在这个极其富有历史性的意义上，毛泽东可能成为一个非常伟大的人物。

山沟与窑洞里的马克思主义

事实上，美国、英国、法国、德国、日本等国家，都曾不遗余力地在中国传播它们的政治、经济、文化以及宗教信仰，试图将西方文明复制到中国。然而，令它们失望的是，西方文明在中国的渗透，并未有实质性突破。俄国共产党对马克思主义的信仰对俄国社会产生了深远的影响，原因之一在于，俄国曾与中国有着相同的境遇，经历过专制的集权统治，且保守落后，在西方国家的坚船利炮以及现代文明的冲击下，毫无招架之力。更重要的原因在于马克思主义本身的魅力。俄国的十月革命证明，"布尔什维克革命可以使俄国一跃而跻于人类进步的前列"，中国的很多进步青年也希望落后的中国实现这样的跨越。马克思主义如同黑暗迷雾中出现的千万道光芒，它对革命的诠释，对弱者地位的分析与需求的表达，以及对未来社会的勾勒，是美好的，也是充满力量、理性且现实的，这与西方传统哲学家勾勒的空想式乌托邦截然不同。中国的进步知识分子坚信，中国会爆发社会主义革命，在马克思主义的指导下，中国能够打破积贫积弱的时代魔咒。

斯诺评价说：在过去十多年中，在中国人关于他们国家的社

十月革命

十月革命，又称布尔什维克革命，发生于1917年11月7日（俄历10月25日），是1917年俄国革命经历二月革命后的第二个阶段。是伟大革命导师列宁同志和托洛茨基同志领导下的布尔什维克领导的武装起义，推翻了以克伦斯基为领导的资产阶级俄罗斯临时政府，建立了人类历史上第二个无产阶级政权和由马克思主义政党领导的第一个社会主义国家——俄罗斯苏维埃联邦社会主义共和国，简称苏维埃俄国。

乌托邦

乌托邦，本意为"没有的地方"或者"好地方"。其中文翻译也可以理解为"乌"是没有，"托"是寄托，"邦"是国家，"乌托邦"三个字合起来的意思即为"空想的国家"。

原提出者是古希腊哲学家柏拉图。空想社会主义的创始人托马斯·莫尔著有《乌托邦》一书，书中虚构了一个奇乡异国"乌托邦"：财产公有，人民平等，按需分配……由此，他提出立论……私有制是万恶之源，必须消灭它。

会、政治、经济、文化问题的想法上，俄国肯定地而且明显地起着支配性的影响，特别是在知识青年中间，它是唯一的支配性的外来影响。俄国对中国的影响更多来自信仰与思想，马克思主义所主张的"社会主义社会以及共产主义社会"目标成为中国共产党的追求目标。同时，经过中国共产党多年的传播，这些目标成为中国人民向往的"理想国"。十月革命的成果——苏联的快速发展，成为共产党人在恶劣的条件下生存且发展壮大的精神养料与信心支持。而"全世界无产者，联合起来！"这样超越国界的呼吁，让中国共产党明白，他们不是孤军奋战，全世界的无产阶级包括已经取得决定性胜利的苏联无产者，都在关注且关心中国的无产者与阶级革命，这对中国共产党也是莫大的鼓舞。

对于中国，马克思主义是救国救民的希望曙光，践行马克思主义的苏联则是榜样，也是同盟军，因此中国共产党又在马克思主义的"主义"前添了两个字——"列宁"——马克思列宁主义！

不过，这个马列主义，不是共产国际派来的使者一板一眼所教授的教条理论，它是窑洞里的马列主义。

有人曾恶意地攻击，称中国共产党是莫斯科的在华代理人。毛泽东反驳道：共产国际不是一种行政组织，除起顾问作用之外，它并无任何政治权力。虽然中国共产党是共产国际的一员，但绝不能说苏维埃中国是受莫斯科或共产国际统治。中国共产党仅仅是中国的一个政党，在它的胜利中，它必须是全民族的代言人，它绝不能代表俄国人说话，也不能替第三国际来统治，它只能为中国群众的利益说话。[①]

随着中国共产党对中国国情、中国革命以及世界形势的认识不断深入，以及中国局势的不断变化，在如何实现社会主义、共产主义的步骤上，共产党也在不断摸索与调整，对苏联的热烈崇拜趋于理性，不再照搬苏联的思想、制度、方法和组织，逐渐摒弃"不分青红皂白一概进口"的方式，形成了有中国特色的马克思主义与苏维埃制度。

中国共产党提出，中国革命需要实现两大历史任务：

一是求得民族独立、人民解放；二是实现国家繁荣富强、人民共同富裕。只有实现这两大任务，才有可能实现社会主义。华北事变后，随着民族矛盾上升，民族危机空前严峻，中国共产党认识到当前中国人民的主要任务是反对日本帝国主义的侵略，中国共产党的革命由土地革命战争转向民族革命战争。毛泽东指出："如果说，我们过去的政府是工人、农民和城市小资产阶级联盟的政府，那末，从现在起，应当改变为除了工人、农民和城市小资产阶级以外，还要加上一切其他阶级中愿意参加民族革命的分子。"

在关系民族危亡的紧要关头，中国共产党以大局为重，建立广泛的统一战线，同仇敌忾抵御外侵，与饱受外强凌辱的中国民众产生了强烈的共鸣。

① 中共中央文献研究室：《毛泽东年谱（1893—1949）》（上卷），中央文献出版社1993年版。

随着抗战进入相持阶段，国民党消极抗日，积极"反共"，不断制造军事摩擦，并大肆宣扬"反共"理论，称"共产主义不符合中国国情"……中国将何去何从？

以毛泽东为首的中国共产党领导集体给出了回答。1939 年年底，毛泽东发表《中国革命和中国共产党》，指出："中国现时社会的性质，既然是殖民地、半殖民地、半封建的性质，那末，中国现阶段革命的主要对象或主要敌人，究竟是谁呢？不是别的，就是帝国主义和封建主义，就是帝国主义国家的资产阶级和本国的地主阶级。"

而且，中国革命的性质是新式的资产阶级民主主义的革命，毛泽东创造性地称之为新民主主义革命："它在政治上是几个革命阶级联合起来对于帝国主义者和汉奸反动派的专政，反对把中国社会造成资产阶级专政的社会。它在经济上是把帝国主义者和汉奸反动派的大资本大企业收归国家经营，把地主阶级的土地分配给农民所有，同时保存一般的私人资本主义的企业，并不废除富农经济。因此，这种新式的民主革命，虽然在一方面是替资本主义扫清道路，但在另一方面又是替社会主义创造前提。"

毛泽东继续指出，中国共产党领导的整个中国革命运动，是包括民主主义革命和社会主义革命两个阶段在内的全部革命运动；这是两个性质不同的革命过程，只有完成了前一个革命过程才有可能去完成后一个革命过程。民主主义革命是社会主义革命的必要准备，社会主义革命是民主主义革命的必然趋势。而一切共产主义者的最后目的，则是在于力争社会主义社会和共产主义社会的最后完成。

中国共产党提出要建立的一个中华民主共和国，"只能是在无产阶级领导下的一切反帝反封建的人们联合专政的民主共和国，这就是新民主主义的共和国，也就是真正革命的三大政策的新三民主义共和国"。

毛泽东还为人们勾勒出了新民主主义共和国的蓝图：

政治上：国体为各革命阶级联合专政，政体为民主集中制。

经济上：大银行、大工业、大商业，归这个共和国的国家所有，并不没收其他资本主义的私有财产，并不禁止"不能操纵国民生计"的资本主义生产的发展；没收地主的土地，分配给无地和少地的农民，实行"耕者有其田"，扫除农村中的封建关系，把土地变为农民的私产，允许富农经济存在。

文化上：实行民族的科学的大众的文化，人民大众反帝反封建的文化。

中国共产党的政治理想，是人类正义、自由、平等且有尊严的生活，他们勾勒的理想社会蓝图，给生活在水深火热中的民众以勇气和希望：农民得到土地，吃饱饭；工人有工作，且获得应有的尊严；出身中产阶级的革命者、知识分子，能够实现救国救民的理想实践。

中国共产党提出的符合中国国情、人民利益的政治理想，恰恰源于对中国国情的精准把握，是对"实事求是"的深度践行。

"实事求是，不尚空谈"

中央党校，中国共产党培养领导干部的最高学府。1941年冬，时任中央党校副校长的彭真，请示毛泽东：党校应该立下一个什么样的校训？毛泽东脱口而出："实事求是，不尚空谈。"不久，他亲笔题写了"实事求是"四个大字。从这个时候开始，"实事求是"就成为各级党校的校训，成为共产党人的座右铭。

1941年5月19日，毛泽东在延安高级干部会议上发表题为《改造我们的学习》的报告，对"实事求是"作出这样的解释："实事"就是客观存在着的一切事物，"是"就是客观事物的内部联

彭真（1902—1997）

原名傅懋恭，山西省曲沃县人。1922年考入太原山西省立第一中学，寻求救国救民的道路，参加进步组织青年学会，接受马克思主义。1923年加入中国社会主义青年团，同年加入中国共产党，是山西省共产党组织的创建人之一。1937年改名彭真。1937年5月，作为『白区』代表团主席参加在延安召开的党的全国代表会议，并任大会主席团成员。抗日战争爆发后，彭真同志参与部署党在北方地区开展游击战争、创建抗日根据地的工作。曾任中共中央政治局委员，第六届全国人大常委会委员长。

系，即规律性，"求"就是我们去研究。他说，"我们要从国内外、省内外、县内外、区内外的实际情况出发，从其中引出其固有的而不是臆造的规律性，即找出周围事变的内部联系，作为我们行动的向导"。

"实事求是"出于《汉书》，原本是称赞汉景帝之子刘德做学问认真踏实，说他具有"修古好学，实事求是"的精神。深谙传统文化的毛泽东，对这个词进行了创造性转化，赋予它马克思主义的新内涵，目的就是号召全党同志立足中国实际，去解决中国革命的问题。就在毛泽东选定"实事求是"为中央党校校训不久，他在1942年亲自兼任中央党校校长。不难看出，他对这个校训的思考，是着眼于全党的思想教育的，希望党员干部将它作为解决问题的思想武器。这也从一个侧面反映出"实事求是"何以成为党的思想路线最精辟的概括。

"实事求是"这四个字，看似简单，却来之不易。它饱含着中国共产党人的智慧与经验，也有着血的教训。

年轻的中国共产党人，依据马克思主义的理论，努力改造中国社会，很快发现：如何运用这个新的思想武器，与此前选择它一样艰难。在中国这样一个半殖民地半封建的东方大国进行革命，却无法从一系列马克思主义经典著作中找到现成的答案。这个时候，应该以什么样的态度对待马克思主义？

中共中央在延安：一个马克思主义政党的崛起

中国共产党在成立初期，特别是 20 世纪 20 年代后期和 30 年代前期，选择了"削足适履"的态度，照搬马克思主义书本的字句，照套俄国革命的经验，把主要力量放在城市，发动工人罢工，进行城市暴动。但反动军阀用血淋淋的屠刀告诉共产党人，俄国革命的道路在中国是行不通的。

第一个认识到马克思主义必须与中国实际相结合的，无疑是毛泽东。面对蒋介石、汪精卫背叛革命，将枪口指向共产党人的严峻局面，擅长用笔杆子说话的毛泽东，提出了"须知政权是由枪杆子中取得的"这句名言。面对秋收起义攻打长沙的挫败，毛泽东毅然选择"上山"，做一个"革命的山大王"，在井冈山点燃了"工农武装割据"的燎原星火。针对那种把共产国际决议和俄国经验神圣化的错误倾向，毛泽东强调"没有调查，没有发言权"，"中国革命斗争的胜利要靠中国同志了解中国情况"，找到了一条"以农村包围城市，最后夺取全国胜利"的光明大道。

毛泽东用行动告诉全党同志，中国革命不能照搬俄国经验，必须坚持从中国实际出发。

创造新的理论不容易，让人们接受新的理论更不容易。

没有在苏联学过马克思列宁主义"真经"，提出一条在马克思主义著作中找不到出处的革命道路，毛泽东的境遇可想而知。

以王明为代表的一批留苏学生，自诩为"百分百的布尔什维克"，嘲讽毛泽东的理论创造为"旁门左道"，还给他扣上"山沟里的马列主义""狭隘的经验主义"几顶大帽子。他们执意向俄国革命看齐，推行以"城市中心论"为特征的"左"倾教条主义。结果是中共中央被国民党逼得无法在上海立足，只能转移到苏区；接着又指挥红军以寡敌众，与国民党军队硬拼，导致中央苏区和南方根据地全部丧失，中央机关和中央红军被迫进行长征。

1934年10月，中央机关和中央红军撤离中央苏区，踏上漫漫长征路。行至湘江，遭到国民党重兵的堵截。苦战五昼夜，队伍损失过半，鲜血染红了湘江。红军指战员逐渐认识到，党内那些喝过洋墨水、把马克思主义书本背得很熟的领导人，无异于战国时期纸上谈兵的赵括，终将葬送党和红军的一切。中国革命要以马克思主义为指导，但马克思主义并非为中国量身定做，必须像毛泽东那样立足于中国的实际，灵活运用马克思主义的原理。

1935年1月，中共中央政治局在遵义召开扩大会议。经过两天的激烈争论，会议结束了王明"左"倾教条主义在党中央的统治，确立了以毛泽东为代表的正确路线的领导地位。在极端危险的境地，中国革命的航船打了一个急转弯。

在毛泽东的领导下，红军重新焕发出生机活力。四渡赤水，巧渡金沙江，强渡大渡河，翻雪山，过草地，最终落脚陕北，演绎了人类军事史上的一个奇迹。

1936年10月，红军第一、二、四方面军在甘肃会宁胜利会师，为长征画上了句号。这个时候，日本帝国主义又在华北地区策动了一系列事件，妄图把华北变成第二个东北。面对日寇的铁蹄，北平的学生们悲愤地喊道："华北之大，已经安放不得一张平静的书桌了。"1935年12月9日，在中共北平临时工委的领导下，爱国学生涌上街头，举行了声势浩大的抗日示威游行。全国各大中城市纷纷响应，掀起了抗日救亡运动的新高潮。

马克思说过，每个时代总有属于它自己的问题，准确地把握并解决它，就会引领社会前进的方向。面对新的政治形势，中共中央在瓦窑堡的窑洞中，作出了一个时代的战略抉择：建立抗日民族的统一战线，共同抗击日本帝国主义。就这样，长征也由一次看似失败的撤退，变成了开创革命新局面的序幕。

中共中央和红军到达陕北后，在黄土高原上建立了中国革命新的大本营。毛泽东曾说，"陕北是两点，一个落脚点，一个出发点"。但他深知，无论是站稳脚跟，还是要轻装上阵，都必须避免教条主义错误的再次发生。为此，毛泽东对症下药，从思想源头上提出怎样正确对待马克思主义的问题。

1938年9月至11月，被毛泽东称之为"决定中国之命运"的党的六届六中全会，在延安桥儿沟天主教堂召开。天主教徒到教堂里，要熟练地背诵《圣经》的经文。但毛泽东在这里却提出，共产党人绝不能像教徒背诵《圣经》那样去背诵马克思主义。他郑重地向全党提出了"马克思主义中国化"的命题：

共产党员是国际主义的马克思主义者，但是马克思主义必须和我国的具体特点相结合并通过一定的民族形式才能实现。马克思列宁主义的伟大力量，就在于它是和各个国家具体的革命实践相联系的。对于中国共产党说来，就是要学会把马克思列宁主义的基本原理应用于中国的具体的环境。作为伟大中华民族的一部分而和这个民族血肉相连的共产党员，离开中国特点来谈马克思主义，只是抽象的空洞的马克思主义。因此，使马克思主义在中国具体化，使之在其每一表现中带着必须有的中国的特性，即是说，按照中国的特点去应用它，成为全党亟待了解并亟须解决的问题。

毛泽东提出"使马克思主义在中国具体化"，就是要求全党不仅要努力学习马克思列宁主义理论，更要把马克思列宁主义的一般原理应用于中国的具体环境。这是毛泽东从亲身经历中国革命失败的痛苦教训中，从同党内各种错误倾向进行的斗争中得出的重要结论。可以说，这是延安时期党的思想理论建设最重要的成果。它不仅指导了抗日战争的胜利，而且对后来指导中国革命和建设都有深远的意义。

也就是在党的六届六中全会上，毛泽东第一次提出"实事求是"。他说，"共产党员应是实事求是的模范"，"因为只有实事求是，才能完成确定的任务"。在艰苦的中国革命征程中，共产党人正是用"实事求是"这把思想的钥匙，打开了一个又一个关键节点，开创了马克思主义中国化的一个又一个新境界。

毛泽东没有写日记的习惯，除青年时代写过一段时间外，就是在 1938 年春所写的这七页纸《读书日记》。他在开头特地写道："二十年没有写过日记了，今天起再来开始，为了督促自己研究一点学问。"他还说，饭可以一日不吃，觉可以一日不睡，书不可以一日不读。

在全面抗战已经到来的紧迫形势下，毛泽东为什么要沉下心来"研究一点学问"呢？一个重要原因就是给自己补课，提高马克思主义理论水平，从而分析和解决抗日战争的新情况、新问题，切实做到"使马克思主义在中国具体化"。也因为如此，钻研哲学书籍、寻找理论工具，是毛泽东学习和研究的重点所在。

因为一本《大众哲学》，毛泽东对艾思奇这位比自己小 17 岁的学者充满敬意。在他看来，这本书以通俗的语言、生动的事例深入浅出地讲解了马克思主义哲学基本原理。当艾思奇 1937 年从上海来到延安时，毛泽东一见面就高兴地说，搞《大众哲学》的艾思奇来了！此后一段时间，不是艾思奇到毛泽东的窑洞，就是毛泽东到艾思奇的窑洞，彻夜讨论哲学话题。

毛泽东读了艾思奇的《哲学与生活》后，不仅做了 3000 多字的摘录，还写信说："你的《哲学与生活》是你的著作中更深刻

艾思奇（1910—1966）

原名李生萱，云南腾冲人，蒙古族，哲学家。「艾思奇」的名字是从英文「SH」（其英文转写 Sheng Hsuen）得到灵感，并成为笔名。历任中共中央高级党校哲学教研室主任、副校长、中国哲学会副会长、中国科学院哲学社会科学部学部委员。

的书，我读了得益很多，抄录一些，送请一看是否有抄错的。其中有一个问题略有疑点（不是基本的不同），请你再考虑一下，详情当面告诉。今日何时有暇，我来看你。"

在保存下来的《辩证法唯物论教程》《辩证唯物论与历史唯物论》这两本书上，毛泽东更是分别写下了约 12000 字和 2600 字的批注。品读批注的内容，除了对原著内容的提要和评论，大多是结合中国实际情况所发的议论，以及对中国共产党革命经验的理论总结。

1937 年 7 月至 8 月，毛泽东应红军大学的请求，向学员们讲授唯物论和辩证法，每周两次，每次四小时。每次备课，毛泽东都花了很大功夫，但还是觉得不够用。他有些无奈地对人说，"我花三天四夜时间，准备讲课提纲，讲矛盾统一法则，哪知半天就讲完了，这不折本了吗"？然而，就是在这个讲课记录稿的基础上，毛泽东整理出《实践论》和《矛盾论》这两部哲学著作，从哲学层面阐释了怎样把马克思主义基本原理与中国革命实际相结合，批判了在党内长期占据统治地位的教条主义，为中国共产党人认识世界和改造世界提供了正确的思想路线和工作方法。

政治路线也好，军事路线也好，都离不开正确的思想路线。这在抗日战争的形势判断和进程分析中，得到了充分的验证。

抗日战争开始后，中日战争的过程究竟会怎么样，中国能不能取得胜利，中国的胜利之路怎么走？这些都是社会普遍关心而又百思不得其解的问题。1938年1月，中国乡村建设派领导人梁漱溟专程来到延安，就抗战前途问题同毛泽东交谈。半个世纪后，梁漱溟还能清楚地回忆起当时的情景：

> 他说得头头是道，入情入理，使我很是佩服。可以这样说，几年来对于抗战必胜，以至如何抗日，怎样发展，还没有人对我作过这样使我信服的谈话，也没有看到过这样的文章。蒋介石的讲话、文告我听过、看过多次，个别交谈也有若干次了，都没有像这一次毛泽东那样有这么大的吸引力和说服力。

当时，社会上流传着两种截然不同的论调：一种是"亡国论"，悲观地认为"中国武器不如人，战必败"；另一种是"速胜论"，盲目乐观地认为国际局势发生变化后，中国就可以依靠外援来迅速取胜。为了化解党内外对时局的迷惘，1938年5月26日至6月3日，毛泽东在延安抗日战争研究会上发表了《论持久战》的长篇讲演。他深入分析战争态势和中日双方的具体国情，斩钉截铁地指出：中国的抗日战争是持久战，战争会经历战略防御、战略相持、战略反攻三个阶段，最后的胜利必将属于中国。

毛泽东切合实际而又充满辩证法智慧的分析，解开了人们心头的困惑，燃起了全民族的信念之火。为了写作《论持久战》，他废寝忘食，伏案工作8天9夜，连炭火烧了棉鞋也全然不知。当毛泽东推开窑洞门，让警卫员把这部5万多字的稿子送往印刷厂时，虽然他身在延安的一个小山坡上，但已经站到了时代的思想最高处。

一时间，《论持久战》的手抄本、油印本和印刷本，成为社会各界争相阅读的"宝典"，洛阳纸贵，一册难求。在陪都重庆，周恩来向素有"小诸葛"之誉的白崇禧介绍了《论持久战》。白崇禧称赞说，"这才是克敌制胜的高韬战略"。征得蒋介石的支持后，白崇禧把《论持久战》的精神归纳成两句话——积小胜为大胜，以空间换时间，然后由国民政府军事委员会通令全国，作为抗日战争中的战略指导思想。

被誉为"延安五老"之一的吴玉章，后来在回忆录中这样写道："《论持久战》的发表，毛泽东以他对马克思主义哲学的娴熟

彭雪枫（1907—1944）

生于河南省南阳市镇平县。中国工农红军和新四军杰出指挥员、军事家，参加过第三、四、五次反『围剿』，二万五千里长征，组织过土成岭战役，两次率军攻占娄山关，直取遵义城，横渡金沙江，飞越大渡河，进军天全城，通过大草原，是抗日战争中新四军牺牲的最高将领之一。他投身革命20年，被毛泽东、朱德誉为『共产党人的好榜样』。为了纪念彭雪枫，在安徽省宿州市、蒙城县等地均建了彭雪枫纪念馆，或以雪枫命名的公园或学校。

应用和对抗日战争的透彻分析，征服了全党同志特别是高级干部的心。全党感到，十多年曲折的历史，终于锻炼并筛选出自己的领袖。这种感情上对毛泽东领袖地位的认同与拥戴，与一般的组织安排绝不可同日而语。"

为了提高全党的理论水平，毛泽东在延安营造出浓厚的学习气氛。在党的六届六中全会上，他就向全党发出学习理论的号召，希望从这次中央全会之后，"来一个全党的学习竞赛，看谁真正地学到了一点东西，看谁学的更多一点，更好一点"。

毛泽东还提议设立中央书记处图书室，带头捐赠了不少书籍。这些书后来带到北京，保存在中央宣传部图书馆。

已经年过五十的朱德，是当时读书学习的典范。他1940年在太行山指挥作战时，听说有人从延安带来一本恩格斯的《反杜林论》，立即借来阅读。还书的时候，主人发现每一行字下面都画了红杠杠，忍不住问他：别人都是在重要的句子下面画杠，总司令怎么全给画上了？朱德笑着回答说：我眼睛不好，字又太小，晚上在菜油灯下看书晃眼，容易串行，只好找来米尺压着画上杠杠逐句看，这样就不串行了。

这年6月，中央宣传教育部表彰干部学习积极分子，朱德被评为"学习模范"。他在大会上谦虚地说："现在要重新学习，学新的马列的书，不学行吗？我只记住一句话，活到老，学到老。"

新四军将领彭雪枫，也是一个读书学习的典型。他专门请人为自己刻了两枚藏书章，一枚的铭文是"书有未曾经我读"，另一枚是"有书大家看"。他还写信让妻子林颖读《三国演义》，说这"是一本必读的书"，里面"有战术，有策略，有统战，有世故人情"。

正是用"实事求是"这把思想的钥匙，毛泽东在 1939 年和 1940 年之交，又接连写作《〈共产党人〉发刊词》《中国革命和中国共产党》《新民主主义论》等著作，第一次旗帜鲜明地提出新民主主义的完整理论。他说，中国的特殊国情决定了现阶段中国革命的性质是资产阶级民主革命，而不是社会主义革命。但是，资产阶级民主革命可以分为旧民主主义革命和新民主主义革命。新民主主义革命是无产阶级领导的。它要分两步走，第一步是新民主主义革命，第二步是社会主义革命。

此时的中国共产党，已经公开走上全国政治生活的大舞台。在关系中国未来前途的问题上，人们渴望听到发自延安的声音。远在大西南的闻一多后来谈起读到《新民主主义论》的感受时，这样说道："我们一向说爱国、爱国，爱的国家究竟是个什么样子，自己也不明白，只是一个'乌托邦'的影子，读了这些书，对中国的前途渐渐有信心了。"

也正因为如此，《新民主主义论》突破国民党当局的新闻检查，在当时的国统区十分流行。当年在国统区秘密发行的《新民主主义论》，以言情小说的方式，走进人们的视野。此外，《新民主主义论》还被伪装成《大乘起信论》《文史通义》《中国向何处去》等，流传于世。

《六大以来》

毛泽东非常重视《六大以来》党的历史文献编辑整理这项工作，称之为编『党书』。这部书分上下两卷，按专题汇集了1928年6月党的六大以来历史文献519篇，共约280万字。由于篇幅太大，毛泽东从中选出86篇有代表性的文献，以散页形式印发给在延安的高级干部学习研究。对党在六大以来的主要历史文献的认真研究，使广大党员基本弄清了党史上一些重大问题的决策过程，对教条主义对中国革命的严重危害，有了更加深刻的了解和认识。为推动高级干部更深入和全面地研究党史，毛泽东1942年10月和1943年10月，又先后主持编辑出版了《六大以前》和《两条路线》两部『党书』。他在《如何研究中共党史》的讲演中说：『如果不把党的历史搞清楚，便不能把事情办得更好。』

宗派主义

宗派主义是指党内存在的一种以宗派利益为出发点的思想和行为，是封建宗派思想、资产阶级和小资产阶级思想在组织上的表现。主要表现为：在个人与党的关系上，把个人放在第一位，把党放在第二位，向党闹独立；在组织上，任人唯亲，在同志中拉拉扯扯，把资产阶级的庸俗作风搬进党里来等。在延安时期，宗派主义现象时有发生：首长才吃得开，许多科学家、文学家都被人看不起。毛泽东认为，宗派主义是排挤非党干部的一种风气，即排外主义。它是主观主义在组织关系上的一种表现，它妨碍了党内的统一和团结，必须加以反对。

整风运动：用马克思主义之矢去射中国革命之的

学习风气的盛行，理论水平的提升，让毛泽东提出的"使马克思主义在中国具体化"，在党内获得越来越多的认同和支持。但是，对教条主义者来说，毛泽东的理论创造仍然是难以接受的。

王明在1931年所写的《为中共更加布尔什维克化而斗争》一书，在延安印了第三版，并在序言中写道："本书所记载着的事实，是中国共产党发展史中的一个相当重要的阶段"，"许多人要求了解这些历史事实，尤其在延安各学校学习党的建设和中共历史时，尤其需要这种材料的帮助"。

王明拿出这本集中反映"左"倾错误观点的小册子，无疑是一个挑战性的行动。这就将应该怎样看待党的历史上的路线是非这个问题，迫切地摆到中共中央面前。从1940年下半年开始，毛泽东亲自主持收集、编辑了《六大以来》这部文献集。

这部"党书"，将王明"左"倾教条主义及其危害，充分暴露在党员干部的面前。在此基础上，毛泽东从1942年2月开始，发起了一场广泛深入的整风运动。整风的主要内容，就是反对主观主义以整顿学风，反对宗派主义以整顿党风，反对党八股以整顿文风。着重于提高全党理论联系实际水平，懂得"有的放矢"，用马克思主义之箭去射中国革命之的。

1942年2月，毛泽东在中共中央党校开学典礼上发表题为《整顿党的作风》的讲话，全党进入全面整风阶段。从此，在党的政治语汇中，学习、变化、改造、整顿、提高就成了使用率最高的词语。关于整风的意义，毛泽东强调："只要我们党的作风完全正派了，全国人民就会跟我们学。党外有这种不良风气的人，只要他们是善良的，就会跟我们学，改正他们的错误，这样就会影响全民族。"

其中，主观主义是毛泽东对实际工作中唯心主义的一种表述。其基本特征是主观和客观相分裂，认识和实践相脱离。主要表现为教条主义和经验主义。一段时间内，中国共产党被主观主义统治，包括从主观愿望出发、忽视客观实际的"立三路线"和苏维埃运动后期的"左"倾机会主义，和以王明为代表的从书本出发，把马列主义当教条、将共产国际的指示和苏联经验神圣化的教条主义。还有从狭隘经验出发，把一时一地的某些经验看作普遍真理的经验主义。1938年召开的党的六届六中全会对主观主义做了斗争，但是，毛泽东认为，在延安的各种工作中，在延安的学校中、文化人中，主观主义的遗毒还存在。在延安整风运动中，反主观主义以整顿学风为中心内容。毛泽东着重指出，必须把马克思主义的普遍原理与中国革命的具体实际紧密结合起来，把马克思主义中国化。他认为，要把马克思主义理论和中国革命实际相联系，就要做到"有的放矢"。"马克思列宁主义之箭，必须用了去射中国革命之的。这个问题不讲明白，我们党的理论水平永远不会提高，中国革命也永远不会胜利。"

《整顿党的作风》和《反对党八股》这两篇报告发表后，如同巨石击水，在广大党员干部中引起强烈反响。此后3年时间里，中国共产党以延安为中心，在全党范围内开展整风运动。有关整风的方针和方法，毛泽东提出"惩前毖后，治病救人"，"对以前的错误一定要揭发，不讲情面，要以科学的态度来分析批判过去的坏东西，以便使后来的工作慎重些，做得好些……但是我们揭发错误、批判缺点的目的，好像医生治病一样，完全是为了救人，而不是为了把人整死"。①

党内的普遍整风从延安开始，有一万多名干部参加。包括毛泽东、朱德、刘少奇、周恩来、任弼时等中央领导人多次在不同的会议中开展批评和自我批评。边区政府，从县、团级干部到边区许多高级领导，也开展了自我批评。边区老干部习仲

① 参见《毛泽东选集》第三卷，人民出版社1991年版。

许翰如（1921— ）

1921 年生，福建金门人，1937 年参加革命工作，历任延安大学社科系学员、延安鲁迅文艺学院戏剧音乐系学员、延安中共中央党校六部学员。后来又历任解放军总政治部文工团干部，《解放军文艺》编辑组长，中国作家协会秘书长，《新文化史料》主编、顾问等职。

勋以及在参议会、政府和基层工作的张秀山、贺晋年、刘景范、张邦英、王世泰等人也先后在大会上发言，开展批评，自我批评。毛泽东高度评价边区整风运动，称"边区高干会（党政军民三百余人）展开彻底的自我批评，对过去历史，当前任务（生产与教育），整顿三风，精兵简政，统一领导诸问题都获得圆满解决，气象一新，各事均好办了"。①

历时 4 年多的延安整风运动取得了很大成绩，但由于缺乏调查研究、没有区别对待等原因，也出现了反特扩大化的错误，造成冤假错案。毛泽东发现后及时纠正偏差，并主动承担了错误，称："整个延安犯了许多错误，谁负责？我负责，因为发号施令是我。别的地方搞错了谁负责？也是我，发号施令的也是我。"在多个场合，毛泽东脱帽致歉。

许翰如回忆起毛泽东在中央党校讲话的情景：去的时候礼堂坐得满满的，毛主席出来的时候身体魁伟，个子高高的。那时候他讲了一番话，他说我们这个抢救运动是搞错了，把很多好东西都戴上了帽子。他说我今天来给大家道歉，他脱了帽子道歉。

"抢救运动"扩大化的错误是延安整风运动中人们不愿意看

---

① 参见《习仲勋传》编委会编：《习仲勋传》（上卷），中央文献出版社 2008 年版。

到的，但延安整风运动中所传达的"批评与自我批评"的纠错与反省精神，使得党和政府愈加坚定信仰，并更为务实清廉，在那时以及未来的峥嵘岁月中，释放出他们的能量。

在全党整风的基础上，党的高级干部进一步讨论和总结党的历史。从 1944 年 5 月 21 日到 1945 年 4 月 20 日，党的扩大的六届七中全会在延安召开。这一会期长达 11 个月、先后召开 8 次全体会议，最重要的成果就是集中全党的智慧，讨论通过《关于若干历史问题的决议》。

这个决议总结了党的历史经验，对六届四中全会至遵义会议期间中央的领导路线问题作出正式结论，肯定了毛泽东运用马克思主义基本原理解决中国革命问题的重要贡献。

《关于若干历史问题的决议》的通过，为整风运动画上了圆满的句号。整风运动是加强党的建设的一个创造，也是一场伟大的思想解放运动和马克思主义教育运动。形形色色的主观主义，特别是把马克思主义教条化、把共产国际决议和苏联经验神圣化的错误倾向得以克服，一切从实际出发、理论联系实际、实事求是的马克思主义思想路线，开始在全党确立起来。

毛泽东思想：中国共产党创造的第一座理论大厦

当整风运动在延安如火如荼地进行时，传来了共产国际解散的消息。1943 年 5 月 20 日，季米特洛夫致电毛泽东，通报关于共产国际主席团将于 22 日宣布解散共产国际一事。当翻译师哲将电文送给毛泽东时，毛泽东高兴地说："他们做得对，我就主张不要这个机构。"

中国共产党自从 1922 年加入共产国际后，作为它的一个支部，不仅接受其经济、军事援助，而且在组织人事、重大战略决策上都要及时汇报，接受审批指示意见。共产国际对中国革命做过许多有益的工作，也做过不少错误的决定，从苏联回来的"左"倾教条主义者也不时打出共产国际的旗号。

幼年的中国共产党，之所以听从共产国际的意见，根本的原因就在于自己没有形成一套成熟的，并且成为全党共识的革命理论，只能听从于"共产国际路线"。而今，中国化的马克思主义、指导中国革命的理论——毛泽东思想已经发展成熟。共产国际的解散，只会更加有助于中国共产党独立自主地解决自己的问题。

1941年3月，党的理论工作者张如心在《论布尔什维克的教育家》一文中，首次使用"毛泽东同志的思想"这一提法。他说：毛泽东同志的言论、著作"是马列主义理论与中国革命实践结合典型的结晶体"，我们党的教育人才"应该是忠实于列宁、斯大林的思想，忠实于毛泽东同志的思想"。并说，我们要"研究毛泽东同志如何运用马列主义基本原则到中国环境中来，如何发展创造性的马克思主义"。1942年2月18日和19日，张如心又在《解放日报》上发表《学习和掌握毛泽东的理论和策略》一文，指出："毛泽东同志的理论和策略正是马列主义理论和策略在半殖民地半封建社会中的运用和发展，毛泽东同志的理论就是中国马克思列宁主义。"

第一次明确提出"毛泽东思想"这个概念，是王稼祥1943年7月为纪念中国共产党成立22周年发表的《中国共产党与中国民族解放的道路》一文。他说："中国民族解放整个过程中——过去现在与未来——的正确道路就是毛泽东同志的思想，就是毛泽东同志在其著作中与实践中所指出的道路。毛泽东思想就是中国的马克思列宁主义，中国的布尔什维主义，中国的共产主义。""毛泽东思想与中国共产党的民族解放的正确道路是在与国外国内敌人的斗争中，同时又与共产党内部错误思想的斗争中生长、发展与成熟起来的。""以毛泽东思想为代表的中国共产主义，是以马克思列宁主义的理论为基础，研究了中国的现实，积蓄了中共二十二年的实际经验，经过了党内党外曲折斗争中而形成起来……它是创造的马克思列宁主义，它是马克思列宁主义在中国的发展，它是中国的共产主义，中国布尔什维主义。"王稼祥特别指出，毛泽东思想"是马克思列宁主义与中国革命运动实际经验相结合的结果"，"这个理论也正在继续发展中"，"这是引导中国民族解放和中国共产主义到胜利前途的保证"。

陕北和延安的窑洞，是毛泽东思想的"生产车间"。收入《毛泽东选集》1~4卷的158篇文章，占总数70%以上的112篇写于窑洞之中。毛泽东的战友们，同样在窑洞中写出了耀眼的理论著作。

1945年4月23日至6月11日，在抗日战争即将取得胜利的前夜，中国共产党第七次全国代表大会在延安杨家岭召开。

这是党在新民主主义革命时期的最后一次代表大会，来自全国各地的755名党代表，在得到通知后，一步步地走向延安，短的走了一个月，长的走了一年半。其中有一些人是冒着枪林弹雨抵达延安的。

为了迎接这次大会，中共中央机关的工作人员，自己动手修建了风格别具的中央大礼堂。朱德高兴地说："我们党前六次代表大会，都是在别人修建的房子里召开的，这是我们党第一次在自己修建的房子里召开自己的代表大会。"

也就是在这次大会上，中国共产党筑成了自己创造的第一座理论大厦——毛泽东思想。刘少奇在关于修改党章的报告中，对毛泽东思想做了科学的概括和全面的论述。他说："毛泽东思想，就是马克思列宁主义的理论与中国革命的实践之统一的思想，就是中国的共产主义，中国的马克思主义。""毛泽东思想，就是马克思主义在目前时代的殖民地、半殖民地、半封建国家民族民主革命中的继续发展，就是马克思主义民族化的优秀典型。它是从中国民族与中国人民长期革命斗争中……生长和发展起来的。它是中国的东西，又是完全马克思主义的东西。"毛泽东思想"是我们党的唯一正确的指导思想，唯一正确的总路线"，"是中国人民完整的革命建国理论"。"这些理论，表现在毛泽东同志的各种著作以及党的许多文献上。这就是毛泽东同志关于现代世界情况及中国国情的分析，关于新民主主义的理论与政策，关于解放农民的理论与政策，关于革命统一战线的理论与政策，关于革命战争的理论与政策，关于革命根据地的理论与政策，关于建设新民主主义共和国的理论与政策，关于建设党的理论与政策，关于文化的理论与政策等。"

基于这样的认识，党的七大通过的新党章，在总纲中第一次写入这样的内容："中国共产党，以马克思列宁主义的理论与中国革命的实践之统一的思想——毛泽东思想，作为自己一切工作的指针。"

为什么要在党章总纲中写入毛泽东思想，主要因为有这样的客观需要。胡乔木后来评论道："毛泽东思想是中国人民自己的、中国共产党自己的革命道路的象征。通过这个，实现党的统一和团结。党内各方面的关系，党同群众之间的关系，都在

胡乔木（1912—1992）

本名胡鼎新，『乔木』是笔名。江苏盐城人，清华大学、浙江大学肄业，1930年加入中国共产主义青年团，1932年转入中国共产党。1941年任毛泽东秘书，中共中央政治局秘书。曾任中共中央顾问委员会常务委员、中共中央领导小组副组长、中国社会科学院名誉院长。

毛泽东思想基础上确定下来。为什么四十年代中国党能够在那么困难的条件下取得那么大的胜利？根本原因是党正确解决了这个问题。"

把马克思主义与中国实践相结合，党的七大用这句话概括了毛泽东思想的精神与实质，诠释了正确认识和科学对待马克思主义的主题。也就是在此前后，各种版本的毛泽东著作开始广为流传。翻开毛泽东的著作，人们会发现，其中马克思主义经典作家的话语并不多。毛泽东自己也说过，我写文章不大喜欢引用马克思主义的一些语录。但正是这位不大喜欢引经据典的中共领袖，成功实现了马克思主义中国化的第一次历史性飞跃，创立了毛泽东思想。

在近代中国的政治舞台上，曾经出现过300多个大大小小的政党。但他们大多像流星划过，转瞬即逝。只有中国共产党选择了满足中国实际需要的马克思主义，并在成功和失败的磨砺中，开辟出符合中国的革命道路，一步步走向成功。

在20世纪的国际共产主义运动中，马克思主义、社会主义曾经形成一股强大的潮流。但很多国家和政党，拘泥于马克思主义的书本，局限于俄国革命的经验，纷纷归于失败。只有中国共产党，创造出属于中国的马克思主义，让社会主义的理想在这个落后的东方大国慢慢变成现实。

毛泽东早年说过："主义譬如一面旗子，旗子立起了，大家才有所指望，才知所趋赴。"中国共产党从接受马克思主义起，经过 20 多年的艰苦探索，终于把马克思主义同中国革命实践很好地结合起来，独立自主地举起了毛泽东思想这面旗帜，使越来越多的民众"有所指望""知所趋赴"。这是中国历史上的一件大事，不仅使中国共产党在毛泽东思想的基础上达到空前的团结和统一，为新民主主义革命在全国的胜利奠定了深厚基础，而且对以后的中国革命和建设起了巨大的指导作用。也正因为如此，毛泽东在延安曾对中央党校的学员说："延安的窑洞是最革命的，延安的窑洞里有马列主义。"

2016 年 7 月 1 日，习近平总书记在庆祝中国共产党成立 95 周年大会上的讲话中，深刻总结党的历史经验，进一步指出："指导思想是一个政党的精神旗帜。95 年来，中国共产党之所以能够完成近代以来各种政治力量不可能完成的艰巨任务，就在于始终把马克思主义这一科学理论作为自己的行动指南，并坚持在实践中不断丰富和发展马克思主义。这使我们党得以摆脱以往一切政治力量追求自身特殊利益的局限，以唯物辩证的科学精神、无私无畏的博大胸怀领导和推动中国革命、建设、改革，不断坚持真理、修正错误。无论是处于顺境还是逆境，我们党从未动摇对马克思主义的信仰。""理论上不彻底，就难以服人。我们要以更加宽阔的眼界审视马克思主义在当代发展的现实基础和实践需要，坚持问题导向，坚持以我们正在做的事情为中心，聆听时代声音，更加深入地推动马克思主义同当代中国发展的具体实际相结合，不断开辟 21 世纪马克思主义发展新境界，让当代中国马克思主义放射出更加灿烂的真理光芒。"

第二章

引领方向：

中华民族前进的灯塔

"二十年内，非一战不足以图存，而国人犹沉酣未觉，注意东事少。愚意吾侪无他事可做，欲完自身以保子孙，止有磨砺以待日本。"

这段令人深思的话，是毛泽东1916年7月25日写给好友萧子升的。当时，23岁的毛泽东还在湖南第一师范读书。他看到很多人因为制造"二十一条"的日本大隈重信内阁将要改组，就简单地认为日本的对华政策会有所改善，心中十分忧虑。在他看来，日本"无论何人执政，其对我政策不易"，"日人诚我国劲敌"！

仅仅过了15年，1931年9月18日，日本帝国主义制造"九一八"事变，悍然发动侵华战争，强占我国东北百万平方公里的大好河山。毛泽东当年的话，不幸言中。

1935年，日本又在华北地区策动了一系列事件，妄图把华北变成第二个东北。所幸的是，高举北上抗日旗帜的中央红军，胜利结束二万五千里长征，于1935年10月落脚陕北。中共中央随即兑现自己的诺言，把革命的大本营安置在西北，倡导抗日民族统一战线，呼吁全国同胞团结一致，为抗日救国的神圣事业而奋斗。中国革命的新局面由此开始。

历经成功和失败的磨砺，中国共产党已经在政治上完全成熟起来。在中华民族最危险的时刻，她肩负使命，担当责任，引领方向，成为争取民族独立、人民解放的希望。西北黄土高原，因此成为全国政治的高地；延安宝塔山，因此成为中华民族前进的灯塔。

到陕北开创革命新局面

偏于中国一隅的陕甘宁边区及边区首府——延安，成为中国共产党践行理想社会的"试验田"。1938 年 7 月，毛泽东指出：边区的作用，就在于作出一个榜样给全国人民看。

1931 年 11 月，第一次全国苏维埃代表大会在红都瑞金举行，宣布成立中华苏维埃共和国临时中央政府，毛泽东被选为政府主席。也就是从这个时候开始，"毛主席"成为人们对毛泽东的亲切称呼。但此时的毛泽东，丝毫没有喜悦之情。步步紧逼的日本帝国主义，坚持"攘外必先安内"的国民党当局，党内愈演愈烈的"左"倾错误，自己的抗日主张又难以付诸实践，让毛泽东身心疲惫，积劳成疾。

1932 年 1 月，毛泽东到瑞金城郊的东华山古庙休养。上山没几天，日寇又在上海挑起"一·二八"事变。他抱病起草了《中华苏维埃共和国临时中央政府宣布对日战争宣言》，庄严地表达了中国共产党和工农红军反对日本帝国主义侵略、为民族解放和独立而战的决心。他还号召全国人民团结起来，组织民众抗日义勇军，直接对日作战。

1934 年 10 月，由于中央红军在第五次反"围剿"战役中失利，不得不离开红都瑞金，放弃中央苏区，进行战略转移。1935 年 9 月，中共中央率领的红一、三军（即红一、三军团）和中央纵队，历经千难万险到达甘肃南部宕昌县的哈达铺，从当地的报纸上获悉陕甘革命根据地和红军的消息。中央立即召开会议，毛泽东作出把长征落脚点放在陕北的重大决策。聂荣臻回忆毛泽东是这样

刘志丹（1903—1936）

名景桂，字子丹、志丹。中国工农红军高级将领，西北红军和西北革命根据地的主要创建人之一。刘志丹从青年时期起就投身革命。1925年加入中国共产党，同年秋天，奉党的命令入黄埔军官学校。1931年『九一八』事变后，他组织了西北反帝同盟军，任副总指挥及参谋长，后来，反帝同盟军改为中国工农红军陕甘游击支队，刘志丹历任副总指挥、总指挥等职。1932年成立中国工农红军第二十六军，刘志丹仍负领导责任。1935年秋，红二十六军与中国工农红军第二十五军会师，成立中国工农红军第十五军团，刘志丹任副军团长兼参谋长。1936年牺牲。

谢子长（1897—1935）

原名世元，陕西省安定县（今子长县）枣树坪人。陕北红军和苏区创建人。1931年和刘志丹等将南梁游击队和陕北游击支队合编为西北反帝同盟军，后改编为中国工农红军陕甘游击队，任总指挥。1934年任陕北红军游击队总指挥部总指挥、红二十六军四十二师政治委员，1935年任中共西北工作委员会委员和西北革命军事委员会负责人。1935年牺牲。

习仲勋（1913—2002）

祖籍河南省邓州市，生于陕西省富平县，陕甘边区革命根据地的主要创建者和领导者之一，新中国成立以来长期主持西北党、政、军全面工作。1959年任国务院副总理兼秘书长，历任第五届全国政协常委，广东省委第一书记，广东省人民政府省长兼广州军区第一政委，中国共产党第十一届中央委员会书记处书记，第十二届中央政治局委员、书记处书记，第五、第七届全国人民代表大会常务委员会副委员长。2002年病逝。

说的：

我们要北上，张国焘要南下，张国焘说我们是机会主义，究竟哪个是机会主义？目前，日本帝国主义侵略中国，我们就是要北上抗日。首先要到陕北去，那里有刘志丹的红军。我们的路线是正确的，现在我们北上抗日先遣队人数是少一点，但是目标也就小一点，不张扬，大家用不着悲观，我们现在比一九二九年初红四军下井冈山时的人数还多哩！

陕甘革命根据地，是刘志丹、谢子长、习仲勋等西北共产党人，在创建陕甘边、陕北两块根据地的基础上发展起来的。它是

直罗镇战役

直罗镇位于陕西省富县西45公里。1935年11月，国民党东北军第五十七军以1个师的兵力防守甘肃省合水县太白镇，主力3个师沿葫芦河向直罗镇、富县攻击前进。其先头第一〇九师进至黑水寺、安家川地区时，军部率另2个师进至张家湾东西地区。红一方面军首长决定，首歼突出冒进的第一〇九师于直罗镇地区。

这次战役的胜利，彻底粉碎了国民党对西北革命根据地的第三次『围剿』，加速了国民党营垒的分化，对以后的西安事变、抗日民族统一战线的形成产生了重要影响，并为党中央奠基西北打开了新局面。

土地革命战争后期全国"硕果仅存"的一块根据地，从而历史性地成为红军长征的落脚点和抗日战争的出发点，对于党的事业全局，起到了至关重要的战略作用。

1935年11月，在一个叫直罗镇的地方，毛泽东指挥刚刚恢复番号的红一方面军，一举歼灭尾随而来的国民党东北军一个师又一个团，彻底粉碎了国民党对西北革命根据地的第三次"围剿"。用他的话来说，这是为党中央把全国革命大本营放在陕北的任务，举行了一个奠基礼。10月22日，中共中央在吴起镇举行政治局会议，确定了关于落脚陕甘的战略决策，宣告了中央红军长征的结束。11月5日，毛泽东率红一军团到达象鼻子湾，他向随行部队讲话，对长征做了总结。他说：

我们从瑞金算起，总共走了三百六十七天。我们走过了赣、闽、粤、湘、黔、桂、滇、川、康、甘、陕，共十一个省，经过了五岭山脉、湘江、乌江、金沙江、大渡河以及雪山草地等万水千山，攻下许多城镇，最多的走了两万五千里。这是一次真正的前所未有的长征。敌人总想消灭我们，我们并没有被消灭，现在，长征以我们的胜利和敌人的失败而告结束。长征，是宣言书，是宣传队，是播种机。它将载入史册。我们中央红军从江西出发时，是八万人，现在只剩下一万人了，留下的是革命的精华，现在又与陕北红军胜利会师了，今后，我们红军将要与陕北人民团结在一起，共同完成中国革命的伟大任务！

坚持北上抗日，在陕北开创革命的新局面，改变了中央红军长征的性质。一次看似失败的撤退，最终变成走向胜利的进军。中国共产党此后创造和收获的一切，也就成为历史的必然。

也正因为如此，身在上海的鲁迅先生，得知红军落脚陕北的消息后，立即向中共中央发来贺电："英勇的红军将领们和士兵们！你们的勇敢的斗争，你们的伟大胜利，是中华民族解放史上最光荣的一页！全国民众期待你们的更大的胜利。"

"更大的胜利"，就是在中华民族到了最危险的时刻，领导全国人民抗击日本帝国主义，实现民族独立和人民解放。

1936年6月，在宋庆龄的帮助下，斯诺来到了陕北。在许多人心目中，陕北只是一个地理名词，那是个盛产贫穷和土匪的地方。斯诺曾听当地人说，仅仅为了获得一只柳条外壳的热水瓶，就足以引发一场真正的悍匪抢劫。

陕北是中国最贫困的地区之一，真正的耕地很少。斯诺曾如此描绘陕西的农田：

农田大部分是地缝和小溪之间的条状小块儿。在许多地方，土地看来是够肥沃的，但是所种作物受到很陡的斜坡的严格限制，无论从数和质上来说都是这样。很少有真正的山脉，只有无穷无尽的断山孤丘，连绵不断。

对于大部分百姓，他们连土地都没有。清涧县袁家沟村村民白云富称：中央红军没有到这儿的时候，其实是国民党统治着的，人民生活也很痛苦，"受的驴马苦，吃的猪狗食"，就那种生活。没有土地耕种，土地大部分都在少数人手中掌握着，其他人都是打工，就这样地生活。

"惯于享受都市趣味的人，到延安来一定要感到悲惨的失望。因为这里不仅没有好山好水，也竟没有一个可以散步的草坪，没有一个可以驻足的树荫。一眼望去，灰尘满目，没有一点鲜艳的色彩。"赵超构在《延安一月》中说。

20世纪三四十年代的延安，没有好山好水，还只是一个简洁朴实的小小边城。延安，史称"肤施"，汉唐以降，诸多朝代，曾在这里建县立府。20世纪之初的延安一直保持着古老的风貌，城墙环绕，宝塔高耸。延安的山，是没有青色覆盖的黄色土堆，河谷空漠。古老的延安旧城，砖土房屋被日军轰炸得支离破碎，只有几处毁坏一半的石门在大路旁边半倚半靠。人们就在黄色的坚硬山壁上掘洞而居，成百上千个窑洞参差错落地分布在山腰上。

穿城而过的延河水，洪水时节汪洋汹涌。枯水期，"既不汹涌，也不轻柔"，孩子都可涉水而过。

就在陕北这片贫瘠的黄土地上，中国共产党逐渐壮大。

建立抗日民族统一战线

瓦窑堡，1227年蒙古军灭西夏入陕北后所建，因山成堡，地当要冲，雄镇一方，素有"天下堡，瓦窑堡"之誉。但它真正被世人所熟知，是八十多年前中国共产党的一次重要会议。这就是中共中央1935年12月17日至25日召开的政治局扩大会议，史称"瓦窑堡会议"。

当时的13个与会者，把这间简陋的窑洞塞得满满的。"斯是陋室，惟吾德馨。"就是在这个窑洞中，中国共产党人作出了一个划时代的战略抉择：建立抗日民族统一战线。

瓦窑堡会议确定建立抗日民族统一战线，是继遵义会议解决了军事、组织问题后，又解决了党的政治路线问题。当时提出抗日民族统一战线这个影响中华民族命运的方针，不是一件容易的事情。在瓦窑堡会议上，毛泽东与博古就"是否联合民族资产阶级参加抗战"的问题，发生尖锐争论。博古坚持"中间势力是最危险的"教条，反对联合民族资产阶级抗日，说这是背离马克思主义的。毛泽东愤而反驳说，难道联合民族资产阶级抗日，"就是对祖宗不忠？对祖宗不孝吗"？博古被驳得哑口无言。会议最终通过《中共中央关于目前政治形势与党的任务的决议》，确定了建立抗日民族统一战线的路线和策略。

瓦窑堡会议刚刚结束，也就是12月27日，毛泽东在党的活动分子会议作题为《论反对日本帝国主义的策略》的报告，进一步分析了中国政治的发展趋向，系统地阐述了抗日民族统一战线的主张。瓦窑堡会议决议及毛泽东的报告，确定了党的政治路线和方针策略，为全党进入抗日战争做了重要的思想准备。

瓦窑堡会议刚刚结束，1936年2月，中共中央决定红一方面

中共中央在延安：一个马克思主义政党的崛起

军以中国人民抗日先锋军的名义，东渡黄河，进入山西，奔赴抗日前线。在东征开始之时，陕北普降大雪，毛泽东站在清涧袁家沟的山峁上，写下了脍炙人口的《沁园春·雪》：

北国风光，千里冰封，万里雪飘。

望长城内外，惟余莽莽；大河上下，顿失滔滔。

山舞银蛇，原驰蜡象，欲与天公试比高。

须晴日，看红装素裹，分外妖娆。

……　……

俱往矣，数风流人物，还看今朝。

为了扩大红军东征的政治影响，宣传红军的抗日主张和有关政策，毛泽东和彭德怀联名发布《中国人民红军抗日先锋军布告》，号召一切爱国志士与红军联合一致抗日。并指出，红军东征的目的是抗日，红军保护爱国运动，保护革命人民，保护工农利益，保护知识分子，保护工商业。历时75天的东征，红军在山西转战30余县，开展群众工作，宣传抗日主张，播下革命种子。

然而，蒋介石顽固地坚持"攘外必先安内"的错误政策，继续加紧对中国共产党和红军的军事"追剿"。有鉴于此，中共中央把统战工作重点放在有可能联合的东北军和第十七路军方面，以期首先实现西北地区抗日力量的联合。

一场不见硝烟的政治较量，紧锣密鼓地开展起来。

直罗镇战役后，红军就把东北军俘虏集中在富县北道德一带的村子里。这里有不少来自山东的移民，红军优待俘虏，给他们好吃的煎饼。一次吃饭时，周恩来将一张煎饼撕成中国地图的样子，一边吃，一边说：日本帝国主义侵略中国，就是想吞掉中国，叫我们亡国！被俘的东北军官兵，吃着家乡的饭，听着周恩来的话，思念起沦陷的东北，不禁泪流满面，决心要打回老家去。

为了加深张学良、杨虎城对共产党联合抗日诚意的认识，红军将大批在作战中俘虏的东北军和第十七路军官兵释放回去。

高福源，东北军的一名"虎将"，曾担任张学良的卫队营长。1935年10月，高福源奉张学良之命，率团驻守富县榆林桥。红十五军团攻破榆林桥，高福源负伤被俘。素有抗日之志的高福源，看到红军优待俘虏，军纪严明，真心抗日，很快成为"东北军中最早觉悟的军官"。

高福源决定利用自己的特殊身份，说服张学良和红军联合抗日。1936年1月，他躲过国民党军统特务的监视，几次前往东北军在洛川的驻地，促成了中共中央联络局局长李克农与东北军第六十七军王以哲军长在洛川的接触。经过3个月的沟通，中共中央派周恩来为全权代表，在延安城内的一座基督教堂与张学良举行了秘密会晤。这次会晤，使张学良看清了中华民族争取抗日胜利的前途，坚定了他和东北军联共抗日的决心。就在这次会晤后不久，张学良将高福源调到身边，充当自己与中共中央联系的机要联络员。到1936年秋，红军同东北军、第十七路军初步形成了互不侵犯、互相通商、互派代表的"三位一体"新格局。

中共中央还根据形势的发展变化，将"抗日反蒋"方针改为"逼蒋抗日"，积极推动国民党政府转变政策。遗憾的是，蒋介石对共产党的疑忌实在太深了。他虽然派人在上海、莫斯科秘密同中国共产党接触，但武力解决中共和红军仍是他心中的"上策"。只要有可能，他还要再试一试。1936年10月，蒋介石亲赴西安，逼迫张学良、杨虎城率部"剿共"。他还把陈诚、卫立煌等军政要员召集到西安，扬言要"荡平"中共的根据地。

张学良、杨虎城不想再打内战，劝说蒋介石以民族大义为重，与共产党合作抗日。他们遭到蒋介石的严厉训斥。12月4日，蒋介石第二次飞抵西安，对张学良、杨虎城提出一个最后通牒式

何应钦（1890—1987）

字敬之，贵州省兴义人，中华民国陆军一级上将。早年留学日本，就读于日本陆军士官学校。辛亥革命爆发后，回国参加沪军。『二次革命』失败后，再到日本就读于陆军士官学校。1916年秋回国，到贵州任讲武学校校长、黔军参谋长等职。1924年赴广州，任大本营参议、黄埔军校总教官兼教导第一团团长、旅长、师长、军长等职。北伐后任国民政府委员、浙江省政府主席、陆海空军总司令部参谋长、军政部部长。抗日战争时期，任第四战区司令长官、中国战区中国陆军总司令。1946年6月任中国驻联合国安理会军事参谋团中国代表团团长。1987年10月在台北病逝。

潘汉年（1906—1977）

1925年秋加入中国共产党。1928年开始负责文化统一战线工作。20世纪20年代初期负责做国民党地方实力派的工作。

遵义会议后，奉中央指示前往上海恢复『白区』工作以及打通与共产国际的联系。抗日战争和解放战争时期，主要从事上层统战、国共谈判、民主党派、国民党起义投诚等统战工作。1977年病逝。

的命令：要么立即将部队开赴陕北"剿共"前线，要么将东北军调往福建，第十七路军调往安徽，由"中央军"在陕甘"剿共"。12月12日凌晨，张学良、杨虎城对蒋介石实行"兵谏"，扣留蒋介石，通电全国，提出改组南京政府，停止内战，召开救国会议等八项主张。这就是震惊中外的"西安事变"。

以民族大义为重

西安事变发生后，国内政治形势一时十分混乱。事变当天，国民党在南京紧急召开中央常务委员会会议，军政部部长何应钦竭力策动"讨伐"，蒋介石亲属宋美龄、孔祥熙则努力营救蒋介石。在共产党这边，也有不少人认为，蒋介石杀害了成千上万的共产党人和革命群众，应该杀之而后快。

局势越复杂，头绪越芜杂，越是需要迅速抓住要领的本事。

中共中央事先并不知道西安事变将要发生，但事变的第二天，毛泽东就在中央政治局会议上提出了处理事变的基本方针："我们的政治口号：召集救国大会。其他口号都是附属在这一口号下，这是中心的一环。"12月18日，公开发表《中共中央关于西安事变致国民党中央电》，表示"为国家民族计，为蒋氏个人计"，国民党必须召集抗日救国代表大会，组织国防政府和抗日联军，停止一切内战，一致抗日。

为了实现事变的和平解决，毛泽东在19日这一天接连发出14份电报。其中，11份发给身在西安的周恩来，提出具体的工作要求。2份发给在前线的彭德怀、任弼时，作出相应的军事部署，援助张、杨稳住西安的局面。他还致电在南京的潘汉年，让他与南京政府接洽和平解决事变的安排。

尽管事变的处理过程中出现了不少曲折，但最终实现了和平解决的目标，为全民族的团结抗战打开了通道。这反映出中国共产党和毛泽东在政治上的成熟，也使全党上下受到一次深刻的政治教育。中国共产党不计宿怨，摒弃前嫌，一切以民族利益为重的政治格局，也赢得了包括蒋介石在内的全体中国人民的赞赏。

西安事变的发生，是在中日民族矛盾处于压倒一切地位的时刻，中国共产党在西北地区执行抗日民族统一战线政策的结果，又实现国共两党十年内战后的重新携手，直接促成抗日民族统一战线的形成。《诗经》里有一句名言，叫作"兄弟阋于墙，外御其侮"。共产党放下与蒋介石的仇恨，一致对外，就是如此。西安事变的和平解决，成为时局转变的关键，也充分体现了科学判断政治局势，制定正确政治路线的重要性。

西安事变是影响整个中国近代史发展的重大事件。事变和平解决后，蒋介石不再一意孤行地坚持"攘外必先安内"的政策，而是用政治手段来解决国共关系，团结一致去抗日。所以，国民党决定在 1937 年 2 月召开五届三中全会，讨论制定新的对内对外政策。

为了推动全民族抗日的新形势早日到来，1937 年 2 月 10 日，中共中央以极大的政治勇气，通过给国民党五届三中全会的电文，提出了著名的"五项要求"和"四项保证"，对党的方针政策进行了重大调整。

五项要求是：一、停止内战，集中国力，一致对外；二、保障言论、结社、集会之自由，释放一切政治犯；三、召集各党各派各界各军的代表会议，集中全国人才，共同救国；四、迅速完成对日抗战之一切准备工作；五、改善人民生活。

四项保证是：一、在全国范围内停止推翻国民政府之武装暴动方针；二、工农政府改名为中华民国特区政府，红军改名为国民革命军，直接受南京中央政府与军事委员会之指导；三、在特区政府区域内，实施普选的彻底民主制度；四、停止没收地主土地之政策，坚决执行抗日民族统一战线之共同纲领。

这是中国共产党第一次公开提出国共合作抗日的基本条件，成为两党正式谈判的政治基础。当社会各界看到中国共产党为达到团结抗日，愿意将"工农政府改名为中华民国特区政府，红军改名为国民革命军"，莫不欢欣鼓舞，给予热烈支持。国民党五届三中全会经过激烈争论，实际上接受了中国共产党提出的条件，标志着抗日民族统一战线初步形成。

1937 年 3 月，毛泽东在延安凤凰山住处会见美国进步作家和记者史沫特莱，进一步阐述了中国共产党关于抗日民族统一战线的主张：我们的民族统一战线是抗日的，不是反对一切帝国主义，而只是反对日本帝国主义。我们要求英、美、法等国同情中国的抗日运动，至少保持善意中立。有人说共产党倡导人民阵线，这是不对的。因为，中国共产党倡导的是民族战线，包括全民族一切党派及一切阶级，只除汉奸在外，这比起法国或西班牙的人民阵线来广泛得多。毋庸置疑，共产党的这种步骤是对国民党一个大的让步，但这种让步是建立在一个更大更重要的原则上面，这就是抗日救亡的必要性与紧迫性。这叫作双方让步，互相团结，一致抗日。国民党政策的转变诚然至今还不能令人满意，但是业已开始了它的转变，其国民党五届三中全会的决议，可以看到这种转变开始的证据。

距离延安约 120 公里的黄陵县，中华民族始祖轩辕黄帝的陵寝就位于城北的桥山之巅。1937 年的清明节，对黄帝陵来说，是一个很特殊的日子。在战场上厮杀了 10 年的中国共产党和中国国民党，在这一天同时派出代表，携带祭文，祭奠共同的血脉祖先。

中国共产党方面，以中华苏维埃政府主席毛泽东、人民抗日红军总司令朱德名义致祭，祭文是毛泽东亲自撰写的。他首先简明扼要地概括了黄帝的伟业，接着着重阐发中华民族的现实遭遇和中国共产党对时局的看法，呼吁各党各界，同仇敌忾，共御外侮。

几个月后，八路军总指挥朱德、副总指挥彭德怀、政治部主任任弼时一起拜谒黄帝陵时，轩辕庙内的供案上还陈列着毛泽东手书的《祭黄帝陵文》。他们一边阅读，一边交谈，任弼时说了一句名言：这就是我们八路军开赴抗日前线的《出师表》！《出师表》是诸葛亮北伐中原前，向蜀汉后主刘禅上书明志的政治名作。其中的"此诚危急存亡之秋也""鞠躬尽瘁，死而后已"等名句，同中国共产党抗日的主张和决心，确有异曲同工之妙。

就在中国抗日力量慢慢凝聚起来的时候，日本侵略者又开始了新的行动。

北京宛平城外的卢沟桥，是一座建成于 1192 年的 11 孔连拱石桥，以"卢沟晓月"的美景闻名京城。但它让今人难忘的，是中国人民对抗日战争血与火的记忆。1937 年 7 月 7 日深夜，日本

卢沟桥事变

又称『七七』事变。1937年7月7日夜，日军在北平西南卢沟桥附近演习时，借口一名士兵『失踪』，要求进入宛平县城搜查，遭到中国守军第二十九军严词拒绝。日军遂向中国守军开枪射击，又炮轰宛平城。第二十九军奋起抗战。

卢沟桥事变是日本帝国主义全面侵华战争的开始，也是中华民族进行全面抗战的起点。

侵略者攻击驻守在卢沟桥的中国军队，制造了震惊世界的卢沟桥事变。不同于以往的步步退让，驻守平津的第二十九军副军长佟麟阁对宛平守军发出了坚决还击的命令。全民族抗战的第一枪，终于打响了。

曾有歌谣唱道：卢沟桥！卢沟桥！男儿坟墓在此桥，最后关头已临到，牺牲到底不屈挠……卢沟桥！卢沟桥！国家存亡在此桥……

7月8日，也就是卢沟桥事变刚刚发生的第二天，中共中央率先向全国发出通电，大声疾呼："平津危急！华北危急！中华民族危急！"号召全中国同胞："团结起来，筑成民族统一战线的坚固长城，抵抗日寇的侵掠！"

延安城内，万人军民集会。"誓死保卫中华民族""同日本侵略者血战到底"的口号，响彻黄土高原的山山水水。

在卢沟桥事变之前，日本在华北制造过多次武装挑衅事件。所以，这件事件究竟是一次地方事件，还是日本帝国主义对华发动全面军事进攻的开始？不少人一时还看不得那么清楚。中共中央和毛泽东却立刻作出判断：中华民族已处在生死存亡的关键时刻，只有全民族团结抗战，才是中国生存和发展的唯一出路。所以说，7月8日的通电，特别是及时提出的政治口号，成了全国人民一致行动的具体目标。我们讲中国共产党是中流砥柱，关键就在于中国共产党能够引领人民沿着正确道路前进，起到了政治领导的重大作用。

面对空前的民族危机，共产党提出正确主张，一扫国内沉闷的政治空气。全国人民摩拳擦掌，热血沸腾，要求武装抵抗日本侵略的热情空前高涨。

1937 年 8 月 25 日，中共中央军委发布命令，中国工农红军改编为国民革命军第八路军，立即东渡黄河，开赴山西前线抗日。9 月 22 日和 23 日，国民党中央通讯社相继发表了《中共中央为公布国共合作宣言》和蒋介石谈话，承认共产党在全国的合法地位，指出团结救国的必要。以国共两党第二次合作为基础，各族人民、各民主党派、各爱国军队、各阶级爱国人士以及海外华侨的抗日民族统一战线正式形成。

就在国民党中央社发表蒋介石谈话的第二天，八路军一一五师冒着大雨，进入山西平型关伏击阵地。9 月 25 日 7 时到 13 时，一一五师经过 6 个小时的激烈战斗，一举歼灭日军坂垣师团第二十一旅团千余人，炸毁敌汽车 100 余辆，缴获大批武器辎重。这是全面抗战以来中国军队的第一次胜利，粉碎了日军"不可战胜"的神话，极大地鼓舞了中国人民抗日救国的志气！消息传来，举国振奋。

一切为了抗日战争的胜利

历史转折的关头，1937 年 8 月 22 日至 25 日，中共中央在陕北洛川城郊的冯家村召开政治局扩大会议。毛泽东在会上分析了战争的态势，强调共产党的方针"最基本的是持久战"，对日作战的方针是"独立自主的山地游击战争"，八路军的基本任务是：配合正面战场、开辟敌后战场、创建抗日根据地。

"艳电"的由来

"艳电"由1938年12月29日，汪精卫发表致蒋介石的电报式声明，声明称为《艳电》，因29日的韵目代日为"艳"而来。

韵目代日是中国历史上的一种电报纪日方法。清政府开通电报之初，因为发送电报非常昂贵，按字论价，"字字是金"，所以节约用字就非常重要。为此发明了一种新的纪日办法，用地支代替月份，用韵目代替日期。

洛川会议还通过了著名的《中国共产党抗日救国十大纲领》，提出"全国军事总动员""全国人民总动员"等基本政治主张，把共产党全面抗战路线具体化。并据此要求在国民党统治区，放手发动抗日群众运动，团结广大人民，与国民党单纯依靠政府和正规军的片面抗战政策进行斗争。战事的发展，很快验证了洛川会议的科学决策。1937年11月，太原失守后，华北战局发生了根本性的变化：以国民党为主体的正规战争退居次要地位，以共产党为主体的敌后游击战争上升为主导地位。

"到敌人后方去，把鬼子消灭尽。"在极端残酷的条件下，八路军、新四军纷纷挺进敌后，广泛发动、组织和武装群众，开展游击战争。长城内外，大江南北，在密密的丛林里，在高高的山岗上，日寇陷入了人民战争的汪洋大海。

中国共产党人以自己的坚定意志和政治行动，促使抗日根据地和游击战争在敌后的迅速发展，粉碎了日本帝国主义速战速决灭亡中国的妄想，支撑起全民族救亡图存的希望。

到了1938年10月，广州、武汉相继失守后，抗日战争进入以战略相持为特点的新阶段。日本帝国主义对国民党采取以军事打击为辅、政治诱降为主的方针，同时集中兵力打击中国共产党领导的八路军和新四军。

随着局势的变化，国民党当局出现新的重要政治动向，蒋介石和国民党顽固派开始推行消极抗日、积极"反共"的政策。1939 年 1 月，国民党五届五中全会确立"溶共、防共、限共、反共"的四项方针，并专门设置了"防共委员会"。

国民党副总裁汪精卫则从重庆跑到越南河内，在 1938 年 12 月 29 日发出"艳电"，主张停止抗战，对日求和。他还与侵华日军于 1939 年 12 月秘密签订卖国条约《日支新关系调整要纲》，通过出卖中国主权，换取日本对其傀儡地位的最后认可。事情被揭露后，中共中央于 1940 年 1 月 28 日发出由毛泽东起草的《克服投降危险，力争时局好转》的党内指示，全国各地群众纷纷响应号召，掀起全国反投降、反汉奸的热潮。2 月 1 日，三万多名群众参加了在延安举行的"讨汪大会"。毛泽东在会上说，抗日仍然是有希望的。对各部分国民党人，应当采取不同的政策。我们党的政策是两条：一条是团结一切进步势力，团结一切忠心抗日的人；另一条是反对一切丧尽天良的坏蛋，反对那些投降派和反共顽固派。其目的就是力争时局好转，战胜日本帝国主义。

国民党是当时中国最大的政治力量，握有统治权，拥有几百万军队。如果不坚持国共合作，造成双方关系破裂，不利于团结国内一切力量一致抗日。可是，过分依赖国民党，处处迁就国民党，势必束缚住自己的手脚，重蹈大革命的覆辙。

蒋介石既想联合共产党抗日，又害怕共产党在抗战中得到发展，总想找机会加以消灭。在河北、山东、陕甘宁边区等地，国民党顽固派不断制造同八路军的军事摩擦，使国内政治形势一天天恶化。

国民党在河北的"摩摩专家"、河北民军总指挥张荫梧公开叫嚷："八路军怕统一战线破裂，我们无论怎样做，进攻是没有问题的。"他甚至趁八路军反击日军"扫荡"之际，偷袭深县八路军后方机关，残酷杀害八路军官兵四百多人。

事实证明，一味退让只能使国民党顽固派得寸进尺，中国共产党就可能被国民党溶化或消灭，中华民族抗日战争的胜利前途也会被葬送掉。八路军被迫进行还击的第一个目标，从粉碎张荫梧的进攻开始。1939 年 8 月，张荫梧又两次从背后袭击八路军，杀害八路军工作人员。是可忍，孰不可忍。征得中共中央的同意后，刘伯承在 8 月 24 日一举将张荫梧部大部歼灭。在全国人民的压力下，蒋介石不得不将张荫梧撤职查办。

与张荫梧的斗争，是中国共产党以斗争求团结的一个缩影。1939 年 11 月 14 日，毛泽东在陕甘宁边区党代表大会上的政治报告中谈道："我们的团结是有条件的"，"假使把你的头割掉了，还讲什么团结啦？""所以我们讲团结，在必要斗争的时候我们还要斗争，有了斗争也就会有团结"。中国共产党坚持"有理、有利、有节"的原则，打破了国民党反动派掀起的三次"反共"高潮，维系了团结抗日的政治局面。八路军第一二九师参谋长李达在回忆录中写道："回顾反摩擦斗争这段历史，使我更深刻地体会到：抗日民族统一战线的建立和维持，是贯彻执行我们党的既联合又斗争，斗争要有理、有利、有节的政策策略而取得的。当时，大敌当前，一切为了抗日战争的胜利，是全国人民的最高利益，也是国共两党实现合作的条件和基础。只讲团结，不作必要的斗争，统一战线也不能够维持。""正是由于我们坚决执行了党的抗日民族统一战线的政策，因而赢得了广大人民和中间势力的拥护与同情，积蓄和发展了抗日力量。"

在陪都重庆，周恩来遵照中共中央的指示，为坚持国共合作，

056

张冲（1904—1941）

字淮南，浙江乐清人。1919年考入温州省立第十中学，组织『醒华会』。1923年毕业后考入北京交通大学，旋以公费转入哈尔滨政法大学，并参加中国国民党，任哈尔滨市党部委员。后任国民党执行委员、中央组织部代理副部长等职，是『中统』系统中的重要人物。抗战期间作为国民党代表参加国共谈判。

『伍豪事件』

伍豪，周恩来总理在五四时期用过的笔名。所谓『伍豪事件』是1932年2月由国民党特务一手炮制伪造的。当时，他们用伍豪的名义在上海《时报》《新闻报》《时事新闻》《申报》上分别刊登了伍豪脱党启事，就是企图达到污蔑周恩来，瓦解共产党在『白区』革命力量的目的，这件事从头到尾就是一个阴谋。

国民党炮制的这个启事存在着很大的漏洞，因为在刊登启事的前两个月，周恩来已经按照党中央的决定离开了上海，经过福建进入了中央苏区，当时正在江西瑞金工作。

为团结抗日、反对投降，进行了坚韧的政治斗争。

大革命失败后，周恩来是中共"特科"的负责人，与国民党特务头子张冲是死对头。为了陷害周恩来，张冲策划了"伍豪事件"，1932年在上海《时报》《申报》等报纸上造谣周恩来叛变共产党，给周恩来的工作造成很大影响。

西安事变和平解决后，周恩来、张冲作为国共双方谈判代表，共商合作抗日大计。周恩来不计前嫌，竭诚相待，让张冲十分感动，两人成为至交好友。1941年1月，国民党顽固派悍然发动"亲者痛，仇者快"的皖南事变，举世为之震惊。张冲闻讯后，痛心疾首地对部下说："生死存亡之时，还做这等兄弟相煎之事，可耻！可悲！"

1941年8月11日，年仅38岁的张冲，不幸在重庆逝世。周恩来极为悲痛，他亲致挽联："安危谁与共？风雨忆同舟！"短短十个字，一个问号，一个感叹号，饱含着深意和深情。11月9日，周恩来在张冲追悼会上含泪致辞，几度哽咽，满座为之动容。周恩来还在《新华日报》发表《悼张淮南先生》的文章，充分肯定张冲"奔走团结，勠力御侮"的历史功绩，称赞他"不愧为国家民族之栋梁"。

周恩来与张冲的政治交往，彰显了中国共产党对待抗日战友的真诚态度，在国民党上层和社会各界引起强烈反响。

中国向何处去

国民党顽固派不仅在军事上制造摩擦，用枪杆子"反共"，而且在政治上操纵舆论工具，用笔杆子"反共"。早在1938年1月，国民党复兴社头目康泽、刘健群就在两党关系委员会上鼓吹"一个党、一个领袖、一个主义"。中国共产党的叛徒、号称国民党"理论家"的叶青更公开主张："三民主义可以满足中国现在和将来的一切要求。它的实现，中国便不需要社会主义了，从而组织一个党来为社会主义而奋斗的事也就不必要了。"言下之意，共产党没有独立存在的理由。

此时的中国共产党，已经公开走上全国政治生活的大舞台。在抗战时局和中国未来前途的问题上，人们渴望了解来自延安的声音。就当时的情况来看，党内对国民党的挑战言论，出现了两种错误认识：一种是觉得国民党说的有道理，主张一切经过并服从国民党；另一种是针锋相对，主张直接搞社会主义。

延安城北5里的杨家岭。1938年11月，日机轰炸延安，毛泽东从凤凰山迁移至此。就是在这孔窑洞里，毛泽东集中思考着中国共产党的政治主张。他常常通宵达旦地投入写作之中。当时担任他的保卫参谋的蒋泽民回忆道："毛泽东写文章是非常辛苦的。延安地区没有电，夜晚毛泽东写文章时点两根蜡烛照明，烛光昏暗而又跳动，很影响视力，容易使眼睛疲劳。毛泽东写累了，就揉揉酸胀的双眼，再继续写，一夜之后，他的脸上沾了一层烟尘。"

"毛泽东写文章用的是毛笔。写前打好腹稿，然后挥笔而就，疾书成文。他写东西时，桌子上一般不放书籍和报纸，不参照别人的东西。""他埋头书写很长一段时间后，往往要停下笔休息几分钟，或者点燃一支烟吸，或者站起来，到门外的空场上走一走。如果他表情是平静的，面带微笑，和我们或公务员唠几句嗑，那么，他已经完成一部分文稿了。"

"毛泽东写好文章，有的进行反复修改后，让我们送给中央首长传阅，有关军事方面的文章都要送给朱德看，政治方面的文章送给王稼祥看，认真听取他们的意见。""经过反复讨论后，把大家的意见集中起来，他再一次修改。"

在极其艰苦的环境中，1939年和1940年之交，毛泽东接连发表了《〈共产党人〉发刊词》《中国革命和中国共产党》《新民主主义论》等重要著作，第一次旗帜鲜明地提出新民主主义的完整理论。

毛泽东认为，中国的特殊国情决定了现阶段中国革命的性质是资产阶级民主革命，而不是社会主义革命。但是，资产阶级民主革命可以分为旧民主主义革命和新民主主义革命。两者的一个根本区别，就是无产阶级是否掌握了领导权的问题。新民主主义革命是无产阶级领导的，无产阶级领导的中国革命要分两步走，第一步是新民主主义革命，第二步是社会主义革命。无产阶级怎样才能实现领导权？毛泽东也给出了明确的答案，就是"统一战线，武装斗争，党的建设"三大法宝。

在《新民主主义论》的最后，毛泽东用诗一般的语言，向全国人民发出了号召："新中国航船的桅顶已经冒出地平线了，我们应该拍掌欢迎它。举起你的双手吧，新中国是我们的。"

毛泽东自己说，《新民主主义论》的"目的主要为驳顽固派"，但它的意义远远超出这个范围。因为它不仅围绕中国社会的性质、革命的步骤与目的、领导阶级与依靠力量，回答了人们关心的现实问题，而且描绘了新民主主义国家的政治、经济、文化的基本特征，勾画出未来所要建立的新中国的轮廓，回答了长期困扰人们的根本问题。所以说，新民主主义革命理论的提出，系统而清晰地说明了中国共产党的政治主张，大大开阔了人们的眼界，把人们吸引到中国共产党的旗帜下。

到了 1944 年，中国共产党和它领导的抗日根据地，已经走出了最困难的境地。这年春天，根据地的人口已经增长到 8000 万人，人民军队已经发展到 47 万人，民兵更是达到 227 万人，中国共产党已经成为政治生活中举足轻重的力量。

与各抗日根据地的景象相反，国民党政府在军事上依旧是节节败退，在政治上依旧是独裁与腐败，在经济上依旧是横征暴敛。越来越多的人开始怀疑，国民党一党专政下的政府还能给中国带来什么前途？要求结束国民党一党专政，改组国民政府，已经成为大后方人们的普遍愿望。在新的形势下，中国共产党适时提出"联合政府"的政治主张。这个口号一提出来，立刻得到社会各界的拥护。人们纷纷集会，要求成立联合政府，对国民党政府形成强大的政治压力。

国共两党在政治上的鲜明对比，使中国共产党不仅在事实上已处在同国民党对等的地位，并且被人们看作中国未来的希望所在。从 1944 年到 1945 年，短短一年时间，中国共产党及其领导的抗日根据地，更加迅猛地发展。19 块抗日根据地的人口已经接近 1 亿，八路军和新四军发展到 91 万人。

进入 1945 年，人们终于迎来期待已久的世界反法西斯战争胜利。在欧洲战场上，苏联红军攻克柏林后，德军宣布无条件投降。在太平洋战场上，盟军不断向日本本土进逼。中国人民打败日本帝国主义的日子即将到来。

就在这个决定中国命运的历史时刻，中国共产党在延安召开第七次全国代表大会，国民党在重庆召开第六次全国代表大会。两个大会，有着完全不同的政治主张，代表着两个完全不同的方向。毛泽东在党的七大开幕词中，直言不讳地说："在中国人民面前摆着两条路，光明的路和黑暗的路。有两种中国之命运，光明的中国之命运和黑暗的中国之命运。"

面对这样的两条道路和两种命运，中国共产党的政治路线是什么呢？在党的七大开幕词中，毛泽东给出了明确的答案，就是"放手发动群众，壮大人民力量，团结全国一切可能团结的力量，在我们党领导之下，为着打败日本侵略者，建设一个光明的新中国，建设一个独立的、自由的、民主的、统一的、富强的新中国而奋斗"。

毛泽东向党的七大提交《论联合政府》书面政治报告。报告分析了国际国内形势，总结了抗战中两条不同指导路线的斗争和人民战争的基本经验，阐述了中国共产党在民族民主革命阶段的一般纲领和具体纲领，指出中国人民应当争取打败侵略者、建设新中国的前途。这个新中国，是以全国绝大多数人民为基础的、在工人阶级领导之下的统一战线的民主联盟的国家制度，即新民主主义的国家制度。《论联合政府》是公开发表的，它被印成小册子广泛散发，不仅在延安和各抗日根据地产生巨大影响，在大后方也引起轰动。这本小册子在重庆发行了 3 万册，"有人接到

中共中央在延安：一个马克思主义政党的崛起

《波茨坦公告》

波茨坦公告发表于1945年7月26日，全称《中美英三国促令日本投降之波茨坦公告》，简称《波茨坦公告》或《波茨坦宣言》。这篇公告的主要内容是声明三国在战胜纳粹德国后一起致力于战胜日本以及履行开罗宣言等对战后日本的处理方式的决定。

1945年7月17日，苏美英三国首脑在柏林近郊波茨坦举行会议，会议期间发表对日最后通牒式公告。由美国起草，英国同意。中国没有参加会议，但公告发表前征得了蒋介石的同意。苏联于1945年8月8日对日宣战后加入该公告。

后一夜未睡觉，一直看完"。正在参加国民党六大的有些代表看了后也称赞："共产党说得头头是道，有办法。"

党的七大结束不久，中国人民赢得了抗日战争的最后胜利。1945年8月15日，日本政府向全国广播天皇的《停战诏书》，宣布接受《波茨坦公告》，无条件投降。

8月15日这一天，延安城内的欢庆活动，持续整整一夜。先是锣鼓秧歌，后是火把游行。街上店铺敞开大门，准备了开水让大家喝。卖水果的店铺，也把水果塞到游行人手中。

9月2日，日本签署无条件投降书。陕甘宁边区政府发出决定：各机关、团体、部队、学校放假3天，以示庆祝。9月5日下午，延安各界2万人，又来到南关大操场集会，热烈庆祝抗日战争的伟大胜利。

抗日战争是近代以来中国反抗外敌入侵第一次取得完全胜利的民族解放战争，成为中华民族走向伟大复兴的历史转折点。从1931年"九一八"事变开始，中国人民经过艰苦卓绝的14年抗战，付出巨大的民族牺牲，为世界反法西斯战争作出了不可磨灭的贡献。在这个过程中，中国共产党积极倡导和维护抗日民族统一战线，坚持全面抗战路线，成为引导全民族抗战走向胜利的一面旗帜。

"数风流人物，还看今朝"

抗战胜利后，蒋介石于 8 月 14 日、20 日和 23 日，连续三次致电毛泽东，邀请他到重庆"共定大计"。实际上，蒋介石已经下定了打内战的决心，他只是迫于国内外反对内战的政治压力，想从所谓的"和谈"中给共产党按上蓄意内战的罪名，使自己在政治上处于有利地位。

为了争取和平民主新局面，揭露蒋介石集团的真面目，毛泽东不顾个人安危，8 月 28 日亲赴重庆，与国民党当局进行谈判。这在当时引起巨大反响，民主人士柳亚子赋诗称颂毛泽东的行动是"弥天大勇"。《大公报》发表的社评，充满着喜悦之情："毛泽东先生来了！中国人听了高兴，世界人听了高兴，无疑问的，大家都认为这是中国的一件大喜事。"记者彭子冈在《毛泽东先生到重庆》的报道中说：

人们有不少接飞机的经验，然而昨天九龙坡飞机场迎接毛泽东却是一种新的体验，没有口号，没有鲜花，没有仪仗队，几百个爱好民主自由的人士却都知道这是维系中国目前及未来历史和人民幸福的一个喜讯。

《新华日报》发表读者胡其瑞等四人的来信说："毛泽东先生应蒋主席的邀请，毅然来渝，使我们过去所听到的对中国共产党的一切诬词和误解，完全粉碎了。毛先生来渝，证明了中共为和平、团结与民主而奋斗的诚意和决心，这的确反映和代表了我们老百姓的要求。"

经过 43 天复杂而艰难的谈判，双方 10 月 10 日签订了《国民政府与中共代表会谈纪要》，即《双十协定》，确认"和平建国的基本方针"。第二天，毛泽东由重庆回到延安，受到延安群众

张治中（1890—1969）

原名本尧，字文白，安徽省巢县（今巢湖市）黄麓镇洪家疃人，黄埔系骨干将领，中国国民革命军陆军二级上将，爱国主义人士。1932年"一·二八"淞沪会战时任第五军军长，在上海抵抗侵华日军。1937年11月，任湖南省主席，1945年，调任国民党军事委员会政治部部长兼三民主义青年团书记；1949年，致电陶峙岳将军和新疆主席包尔汉，促成新疆和平解放。张治中在国民党任职期间受到蒋介石的认可和重用；但是张治中坚持国共两党和平共处。解放战争后，鉴于张治中对中国和平作出的贡献，被称为"和平将军"。1969年在北京病逝。

安娜·路易斯·斯特朗（Anna Louise Strong, 1885—1970）

美国进步女记者与作家。她年轻时就积极参加进步的社会活动，致力于儿童福利事业和工人运动。她积极反对帝国主义的第一次世界大战，她与艾格尼丝·史沫特莱（1892—1950）、埃德加·斯诺（1905—1972）被中国人亲切地称为"3S"。她生于美国，死于中国，她是中美两国人民的共同骄傲，又是两国人民的友谊象征。1946年第5次到中国访问延安，她的《中国人征服了中国》一书记录了解放战争时期在延安等地的经历。正是这次的到来，毛泽东同斯特朗谈到了"一切反动派都是纸老虎"的论断。

的热烈欢迎。

大家都知道毛泽东下午乘飞机回延安，高兴地奔走相告。老人、妇女和小孩都来了，飞机场周边聚集了近万人。群众兴高采烈、自由自在。这让陪同毛泽东回延安、见过欢迎蒋介石场面的张治中，感到很震撼。

10月17日，毛泽东在延安干部会议上说，这次谈判是有收获的，但协议只是纸上的东西，并不等于现实的东西。要把它变成现实的东西，还要经过很大努力。

中国共产党争取和平民主的努力，未能阻止蒋介石发动全面内战的步伐。中国人民期盼已久的民主联合政府，终究没有到来。10月13日，《双十协定》签订后的第三天和公布后的第一天，蒋介石就向各战区司令长官发出了一份杀气腾腾的密令："遵照中正所订《剿匪手本》，督励所属，努力进剿，迅速完成任务。其功于国家者必得膺赐，其迟滞贻误者当必执法以罪。"

1946年6月，蒋介石冒天下之大不韪，以进攻中原解放区为起点，悍然挑起全面内战。他自恃强大的军事力量，以及美国给予的大量援助，声称要在三五个月内消灭人民军队。全面内战的爆发，毁灭了人们和平建国的梦想。有人伤心地说："一觉醒来，和平就已经死了。"

残酷的现实，让人们清楚地看到一个事实：民主与和平之花，不会在国民党专制独裁的土壤上生长；只有推翻蒋介石的统治，才能获得真正的民主与和平。民心向背，是检验一个政党的试金石。在黑暗与光明的较量中，中国共产党在政治上放手发动群众，中国人民郑重选择了中国共产党。

1946年11月18日，国民党一手包办的"国民大会"召开的第三天，毛泽东为中共中央起草了一份党内指示，向全党指出："蒋介石自走绝路，开'国大'、打延安两着一做，他的一切欺骗全被揭破，这是有利于人民解放战争的发展的。"也就是在这份指示中，毛泽东第一次使用了"人民解放战争"这个名词，用以代替一直使用的"自卫战争"。这不只是一个概念上的变换，而且是对社会关切的及时回应。

马克思说过一句名言：每个时代总有属于它自己的问题，准确地把握并解决这些问题，就会把理论、思想和人类社会大大地向前推进一步。在每个关键的历史节点阶段，中国共产党总能够准确把握时代脉搏，用一环紧扣一环的政治主张，引领社会前进的方向。

中国政治局势已发展到一个新的转折关头，一个中国革命的新高潮到来了。在不到一年的时间里，中国共产党领导几大野战军，越战越勇，挫败了国民党的全面进攻，扭转了战场的形势，印证了毛泽东与美国记者安娜·路易斯·斯特朗谈话时

胡宗南（1896—1962）

浙江镇海人，国民党高级将领，黄埔一期毕业生，号称『天子门生第一人』，是蒋介石最重要的军事将领，也是红军的『老对头』。1936年，行政院任命胡宗南为第一军军长，进攻陕北红军，被彭德怀率领的红军打败。1940年，蒋介石掀起第一次『反共』高潮，胡宗南奉命向陕甘宁纵深进犯，公开喊出『消灭边区』的口号。1942年升任第八战区副司令长官兼第三十四集团军总司令，屯兵西北，封锁陕甘宁边区。1946年国民党发动全面内战，胡宗南部是国民党在西北的主力。1947年率领大军进犯延安，后战败退往四川。1962年病逝于台北。

张子芳（1914—2017）

陕西安塞人。1929年加入中国共产主义青年团，1936年加入中国共产党。曾任西安女子师范学校抗日民族解放先锋队总队妇女儿童部部长。1937年进入延安抗大学习。后任陕甘宁边区妇联组织部部长，中共闽西特委机关支部书记，陕甘宁边区妇联副主任、主任。新中国成立后，历任中共中央西北局妇委副书记、西北妇联主任等职。

提出的著名论断："一切反动派都是纸老虎。"蒋介石被迫改变策略，重点进攻山东和陕北。他严厉要求部属，一定要对"匪军老巢"延安实行"犁庭扫穴，切实占领"。中共中央和毛泽东审时度势，决定主动放弃延安。1947年3月18日晚，在国民党军进攻延安已清晰可闻的枪炮声中，中共中央机关告别了居住10年的延安。

面对依依不舍的老乡，毛泽东告诉他们，打仗不在一城一地之得失，而在消灭敌人有生力量。他还打比方说，暂时放弃延安，就好比是一个背着金银财宝包袱的行人，在路上遇到了拦路打劫的强盗，如果他舍不得暂时扔下包袱，手脚不灵便，就打不赢强盗，金银财宝也就丢了。如果把包袱一扔，轻装上阵，使出全身武艺跟强盗对拼，就能把强盗打退，也就保住了金银财宝。毛泽东最后坚定地说，少则1年，多则2年，延安仍要回到人民手中。

从撤离延安到前往西柏坡，毛泽东、周恩来、任弼时率领中央机关，在极端艰苦而险恶的环境中，转战陕北，共371天，行程1000多公里，居住过12个县境内的38个村庄。他们在陕北高原的土窑洞这个世界上最小的指挥所里，指挥了世界上最大的人民解放战争。

面对胡宗南的进攻，张子芳回忆说：

胡宗南是我们放进来的，还不是他打进来的，他打不进来。他打不进来，为什么放进来？我们说胡宗南只要你进入了边区，你有来无回。

这就是毛泽东的"关住门打狗，叫你有来不得回去"。毛泽东熟悉陕北的一草一木，共产党人和延安人民心心相连。国民党费尽心机，试图收买人心，却不过是一场徒劳，人心向背，早已注定。

1947年3月下旬，胡宗南占领延安。8月，蒋介石在国民党一干大员陪同下抵临延安视察。此时的延安，十室九空，即使找拥戴欢迎者，也要颇费周章，与共产党领导的延安形成鲜明对比。

1947年4月，毛泽东、周恩来、任弼时率中央机关转移至靖边县的王家湾，3个人都住在薛如宪老汉腾出的两间半窑洞里。村里青壮年劳力都"支前"去了，仅剩老幼妇孺，春耕生产成了问题。毛泽东亲自动员部队去抗旱春耕，甚至不留警卫人员。他说："不要觉得现在我们部队少，我们就不安全，我们有人民群众。"

"只要我们心里装着群众，处处想着群众，群众就会永远和我们在一起。他们是革命的真正的铜墙铁壁。"

在中共中央、中共中央西北局和边区政府的号召下，边区的人民实行坚壁清野，不给敌军留下一粒粮食、一寸布。张子芳这样解释当时的坚壁清野：就是把所有的粮食，能够吃的东西，都藏到地窖里，上面盖上草，敌人都不知道，找不到。老百姓是非常支持红军的，敌人失败得很惨。

陈玉英称：我们跑了，东西都撂光了，啥也没了，地方也没了。国民党胡宗南来了以后也给老百姓发粮发布。

侯胜翻回忆：他们安民了，一家人给一袋洋面，给丈二白洋布。但是那是一时的事。农民为什么要反对他呢？他对农民不好，上边是给点东西，但是手底下的人呢？明抢暗偷。我父亲赶路时带点东西他都抢走了（包括钱）。（抢了还不能说，他威胁你）如果给我们的上司说了我非把你枪毙了不可。

1947年3月29日，中共中央在清涧县枣林则沟召开会议，讨论中央机关今后的行动。中央领导研究今后向哪儿走。是离开陕北过黄河向东去，还是留在陕北？毛主席观点非常明确，坚决留在陕北。他说我和陕北的老百姓一共待了十几年了，我要和陕北群众在一块儿，不打败胡宗南决不过黄河。

宋英奇如是回忆：会议决定刘少奇、朱德等东渡黄河，毛泽东、周恩来、任弼时等继续转战陕北。国民党军队重重包围，却找不到一支仅有数百人的队伍。

龙飞虎之女龙铮说父亲在回忆录中如此形容他们的队伍：其实不到400人，真正能打的也只有200人，就一支小小的部队，拖着胡宗南23万大军，在陕北的高原上转了有1年多。

"与其说这支队伍被追踪，不如说是他们牵着那支仅有庞大数量的国民党军队鼻子在走。这支队伍每天要跑路，不断地跟敌人转悠，胡宗南的军队走到哪里就跟到哪里，一直在他们后面，他们看不到我们的队伍，而我们看他们看得很清楚。"周行及回忆道。

胡宗南23万大军在延安转来转去不得要领，吃尽了苦头，而中共中央和部队如鱼得水，这得益于群众强大的支援。群众，对于中共中央和部队，是雪亮的眼睛，哪里有敌情哪里有危机，他们第一时间向党和军队报告。

毛泽东到天赐湾这个小村子时，房东让毛泽东好好休息。据高智回忆：他当时就告诉毛主席，"你就放心住吧，如果敌人来了，咱们可以早知道，你看我（房子）前面有几道川，他们进来以后，我就可以告诉你，我们就可以看到，你休息，睡你的觉"。毛泽东等人每到一处，都能得到老百姓的热情接待。凡是毛主席住过的村庄，住过两三天的，老百姓又是送红枣，又是送鸡蛋，又给送陕北的豆面——豌豆擀的那豆面。其实吃豆面是很不容易的，那是招待相当上等的客人的。

邢立统回忆道：那个时候老百姓保密保得很厉害，敌人根本就不知道我们在哪儿，就变成瞎子了，变成聋子了。所以我们敢在他眼皮子底下打伏击仗。

伍一曼也介绍说：有的时候我们在沟底下走，胡宗南的部队就在山梁上走，甚至他们说话的声音我们都能听到，但是他就找不到你。我们就想，如果有一个陕北人他要把这个行动路线或者什么告诉国民党，你还能存在吗？他找不到你这是不可能的。转战陕北多长时间？一年多的时间，没有一个人出卖毛泽东，那军民就不单是鱼水情的关系，更是生死相依的关系。

米脂县桃镇人乔尚志回忆：（群众）可热情地供应着，粮捐完了以后，有驴的捐驴，有羊的捐羊，为了消灭胡宗南，大家都齐心协力。为什么共产党能够打胜仗呢？就是因为老百姓的支持，老百姓跟共产党是一条心。群众的送粮（百姓甚至把种子都拿出来支援战争）、送鞋、送兵员的热潮一浪高过一浪。

绥德县薛家渠村人薛茂森评价：家家户户儿子当兵，老子抬担架，娘做军鞋，老汉送公粮，这才是真正的全民皆兵。

准备打沙家店战役时，毛主席问张俊贤，我们在这打仗，能不能支持3天的粮食？张俊贤说能。张俊贤说，我们用驴驮，用人背，绝不能叫部队、前方打仗的还吃不上饭，粮食不够吃，我们还有驴有马，可以杀了吃，支援部队。

撤离延安

1947 年 3 月 18 日，延安的党政机关和群众基本疏散完毕，延安城内可以听到清晰的枪炮声。很多同志劝毛主席早点走，毛主席不同意，他既舍不得生活了 10 年的延安，又要研究当前形势，对敌人的进攻方向和自己的撤退方向进行分析。眼看国民党军队快要进入延安时，西北野战军司令员彭德怀赶回来，见毛主席还不离开，既着急又生气：『老毛，你赶紧走，不走我把你弄走。』没有办法，毛主席只得上车离开。彭德怀骑着马一直跟着毛主席的车，直到车子出了延安，他才放心。

毛主席问他把牛杀了以后怎么办？张俊贤回答，我们陕北人有老镢头，镢头片儿大，㧟下去能够㧟一大片，再挖地种，不管怎么样，也要把战争支持下来。沙家店没用三天就拿下了，沙家店战役胜利了。

战局扭转，胜利在望，在佳县指挥若定的毛泽东，见到了县委书记张俊贤。佳县县委宣传部干事李林森回忆：

张俊贤给毛主席提出，"主席，你在佳县转战这么长时间，你马上就要离开佳县，我们干部和群众都希望你给佳县题个字，留个纪念"。毛主席很干脆地就答应了这个事情。后来就让我把笔墨纸砚这些东西拿过来让毛主席题字。我一看就是写的："站在最大多数劳动人民的一面，毛泽东"。

每一个分子都是一种力量。民心的选择，决定了战争的胜负。而"存地失人，人地两失，存人失地，人地两得"。这是一种来自信念的相互依存。

1948 年 3 月 23 日，为迎接全国革命的胜利，毛泽东、周恩来、任弼时率领中共中央、人民解放军总部机关由吴堡县川口渡口乘船，渡过滔滔黄河，前往华北解放区，指挥夺取全国胜利。

毛泽东上岸后，回头看着那片战斗和生活了13年的黄土地，深情地说："陕北是个好地方！"他还说，"过去，黄河没有很好地得到利用，今后，应当利用黄河灌溉、发电、航运，让黄河为人民造福"。显然，他的心已在越来越多地思考着新中国的未来了。在他们东渡黄河后不到一个月，1948年4月21日，西北野战军光复延安。

经过1948年9月至1949年1月的大决战，在"打倒蒋介石，解放全中国"的口号声中，延安老乡和全国人民一起迎来了历史的新纪元，陕北再次成为国人瞩目的焦点。毛泽东与陕北生死相依，充满感情。他说，长征后，我党像小孩子生了一场大病一样，是陕北的小米，延河的水滋养我们恢复了元气。在人民最需要我们的时候，怎么能离开他们。陕北问题不解决，决不过黄河。

同时，毛泽东也对陕北人民充满信心。这就是毛泽东不离开陕北的深层原因。边区老百姓与共产党、部队的关系越来越好，到1947年毛泽东和中共中央决定撤退延安时，他们的关系已经是铁打的鱼水关系，这也让解放军的老对头——胡宗南，真正见识到陷入人民战争的汪洋大海是多么可怕。

和陕北人民不分你我地生活了13年的党中央、毛主席，此刻，深知和群众的鱼水关系，他们来自群众，也要服务群众。老百姓对共产党的拥护，根本原因在于他们看到党走的是群众路线，坚持的执政理念是"全心全意为人民服务"。

闫晓明回忆说：共产党是为人民的，什么都是为人民，所以人民就拥护，人民不怕。国民党，那是代表资产阶级、地主阶级的，剥削人民，压迫人民。当时人民怕被国民党捉住了，怕被杀了，所以都跑了，藏了。听说国民党来了，都藏了，把粮食、吃的东西、衣物都埋了，藏窖了。共产党、八路军来了的话，都挖出来了，对不对？给了咱们这个八路军吃了。共产党、八路军是代表人民的，为人民服务的，国民党是代表资产阶级、地主阶级剥削人民的。

1947 年农历八月十五到十六，寒冷提前降临，村民刘青山担心自家庄稼被霜冻着，一大早起来就到山上查看庄稼。

刚到地头，他忽然看到前边走着一个人，走近一看，原来是毛主席。毛主席很懂农活儿，问他庄稼的受灾程度以及解决办法，刘青山说只能赶紧往回收，然后扩种冬麦。毛主席听后说，不要怕，总会有办法。

很快，"九支队"全员出动，帮助老百姓秋收，还把从口粮里节省下来的麦子送给缺麦种的农民手中，帮助他们耕地。

毛泽东转战陕北 1 年又 5 天，途经安塞、靖边、榆林、佳县、米脂、吴堡、绥德、清涧、延川、子长等 12 个县，住过 38 个地方，行程 2000 多华里。留在陕北的中央机关和解放军总部的工作人员以及警卫部队 800 人组成 4 个大队，统归"九支队"（直属司令部代号）指挥，辗转千里，几十万敌人竟没发现毛泽东的行踪，这不能不说是战争史上的奇迹。

| 第三章 |

锻造队伍：

"政治路线确定之后，
干部就是决定的因素"

位于土石山上的这几孔窑洞，是遵义会议后担任中共中央"总负责"张闻天的住处，也是中共中央进驻延安之初召开政治局会议的地点。

从 1939 年开始，张闻天将会议地点迁到毛泽东居住的杨家岭。会议在形式上仍由张闻天主持，但他不再负总的责任，一切重要问题均由毛泽东决断。从蓝家坪到杨家岭，只隔着一条延河。但这一步，在确立毛泽东的领导核心地位，形成第一代中央领导集体的进程中，具有重要的象征意义。

人们一般都说，遵义会议确立了毛泽东的领导地位，这主要是指毛泽东在中央决策层起的实际作用而言，就是说中共中央结束了"左"倾教条主义的统治，走上了以毛泽东为代表的马克思主义正确路线。从名义上讲，当时党中央的"一把手"是张闻天，毛泽东只是周恩来在军事指挥上的帮助者。当然，张闻天十分尊重毛泽东的领袖地位，积极配合毛泽东的工作。

1938 年 9 月，从莫斯科回来的王稼祥，在中央政治局会议上传达共产国际的意见，说"中共中央领导机关要以毛泽东为首解决统一领导问题"，这就在党内明确了毛泽东的领袖地位。也就是在这次会议以后，张闻天水到渠成地把政治局会议地点转移到毛泽东的住处。毛泽东后来不止一次赞叹，张闻天"是不争权的"，是"开明君主"。

历史的经验反复证明，任何一个团体、一个政党，都要有一个核心人物。因为没有领导核心的组织，是难以经受考验、干成事业的。

在延安这片黄土地上，中国共产党终于形成了以毛泽东为核心的第一代中央领导集体。在他们的带领下，党的队伍日渐壮大，那只从浙江嘉兴南湖启航的革命小船，快速发展成为一艘劈波斩浪、勇往直前、驶向胜利的巨轮。

历史的选择：确定领导核心

1937年11月29日，毛泽东、张闻天、周恩来等中共中央领导人，冒着纷飞的大雪，前往延安机场，迎接从苏联回国的王明。这是毛泽东和王明第一次见面。他在机场发表的欢迎词中，热情洋溢地说："久别重逢，家人团聚，这不是喜从天降吗？"

然而，只隔了十来天，王明就提议召开中央政治局会议，指责中共中央和毛泽东制定的全面抗战路线，主张"一切经过统一战线"，并否定"独立自主的山地游击战"，认为"游击战争不能战胜日本"。

那时共产国际在党内有很高的威望，所以王明的身份和意见，对与会者产生了很大影响，不少人做了"自我批评"。毛泽东在会上的处境十分困难，他后来说到此事，还历历在目：1937年12月中央政治局会议时，"我是孤立的。当时，我别的都承认，只有持久战、游击战、统战原则下的独立自主等原则问题，我是坚持到底的"。

经过大革命失败的教训和十年内战的磨炼，中国共产党犹如一个人的成长，已经从幼年走向成年。王明的错误主张及其此后一段时间的工作，虽然对全面抗战带来一些干扰，但从整个局面来看，它并没有像20世纪30年代初期那样在党内取得统治地位。

为了及时解决王明带来的问题，中共中央委派任弼时去莫斯科，向共产国际汇报中国抗战的情况，说明中国共产党的方针政策特别是国共两党的关系问题。任弼时出色地完成了这项任务，增进了共产国际主要领导人对中共中央和毛泽东的理解和支持。1938年6月11日，共产国际执委会主席团经过讨论，作出了《共产国际执委会主席团关于中共代表报告的决议案》，肯定了"中国共产党的政治路线是正确的"，也肯定了毛泽东在中共中央的领袖地位。

共产国际的自我纠正，从根本上剥夺了王明以共产国际"钦差大臣"自居的资本，也为中共中央坚持走自己的道路消除了顾虑和障碍。实际上，让毛泽东做党的"一把手"，已是人心所向。当王稼祥将共产国际的新指示带回延安后，就有人提议由毛泽东担任总书记，但毛泽东没有同意。在毛泽东看来，暂不调整有利于党内团结和稳定，也不影响他实际主持中央工作。更何况，中央领导层的整体班子，是在"左"倾教条主义统治中央时形成的，只有从思想认识上弄清是非，才能彻底解决问题。也正因为如此，毛泽东从 1941 年 9 月起，开始在高级干部中进行整风学习活动，这个活动随后在全党普遍展开。

经过延安整风，全党深刻感受到教条主义对中国革命的极大危害，进一步认识到毛泽东的领导核心作用。

1943 年 3 月 20 日，中共中央政治局会议通过《中共中央关于中央机构调整及精简的决定》，明确"在两次中央全会之间，中央政治局担负领导整个党工作的责任，有权决定一切重大问题。政治局推定毛泽东同志为主席"。"书记处是根据政治局所决定的方针处理日常工作的办事机关，他在组织上服从政治局，但在政治局方针下有权处理和决定一切日常性质的问题。""书记处重新决定由毛泽东、刘少奇、任弼时三同志组成之，泽东同志为主席。"书记处"会议中所讨论的问题，主席有最后决定之权"。

中央政治局和书记处这两个"主席"职务的确定，标志着从遵义会议后毛泽东在全党的领导核心地位，不仅在思想上、政治上，也在组织上、体制上最终完成。

两年后的 1945 年 6 月 19 日，中共七届一中全会选举毛泽东、

向忠发（1880—1931）

湖北汉川人，中国共产党早期领导人。1922年加入中国共产党，之后积极参加工人运动。在1928年7月召开的中共六届一中全会上当选为中共中央总书记，成为中共领袖。1931年6月22日被国民党特务逮捕，6月24日被国民政府枪杀于上海，终年51岁。

李立三（1899—1967）

原中共中央政治局常委兼秘书长、宣传部部长，全国人民防空委员会秘书长，全国总工会副主席。原名李隆郅，曾用名李能至、李成、柏山、李明、李敏然等，湖南醴陵人。1919年9月赴法勤工俭学，1921年回国加入中国共产党。先后在地方和中央担任工人运动领袖，曾一度掌握着中央的实际权力。在1930年犯过『立三路线』的错误，但不久就认识改正。在斗争岁月中，他曾经『死』过三次，组织和同志们为他开过三次追悼会。新中国成立后，他历任中共中央工委书记，中华全国总工会副主席等职。

朱德、刘少奇、周恩来、任弼时为中央书记处书记；选举毛泽东为中央委员会主席兼中央政治局和中央书记处主席。这样，以毛泽东同志为核心的中国共产党第一代中央领导集体真正建立起来。

历史的选择，至此尘埃落定。

对这个领导集体，邓小平后来有一句精准的评价，就是说这是中国共产党历史上第一个"稳定的成熟的领导集体"。因为，中国共产党早期的核心领导层，人员变动频繁，很不稳定。常常是一个人上来干一段时期，如果不行，再换人。所以，邓小平表示："遵义会议以前，我们的党没有形成过一个成熟的党中央。从陈独秀、瞿秋白、向忠发、李立三到王明，都没有形成过有能力的中央。"实践证明，从七大开始，以毛泽东同志为核心的第一代中央领导集体，比较稳定，坚强有力，不仅领导中国人民取得了抗日战争和解放战争的胜利，成立了新中国，并且为社会主义改造和现代化建设作出了重大贡献。

中共七大还选举产生了新的中央委员会。这项工作做得好不好，直接关系到七大能否开成一次团结的大会。

主席团根据毛泽东提出的"要由能够保证实行大会路线的同

志来组织中央委员会"这个选举原则，确定了三条具体标准：一是着眼于全党的团结，对犯过错误但已经承认错误并决心改正错误的同志要选；二是承认各个"山头"的客观存在，选拔新同志要注意照顾各个方面；三是候选人通晓一方面或者稍微多几个方面的知识就可以选，因为这些人集中起来，就是通晓各个方面知识的中央委员会。

实际上，进入延安之后，中共中央也正是按照这样的标准，不断加强干部队伍建设的。

博古，1931年9月到1935年1月主持中共中央工作的最高领导人，王明"左"倾教条主义的执行者，在第五次反"围剿"和长征初期给党和红军造成巨大损失。遵义会议后，博古已不适合担任中央的负责人。尽管有人劝他不要"交权"，但博古还是服从组织安排，主动把中央委员会的印章、中央政治局书记处的印章与中央书记的条形章都交由张闻天负责。

长征到达陕北后，中央任命博古为西北办事处主席。接受工作后，他与林伯渠在不到一年的时间里，稳定发展了西北经济，解决了当地百姓生活和军队供给，为中共中央立足陕北打下了坚实的基础。

最令人称道的是，中央充分发挥博古理论水平强、博古通今的长处，把党的新闻事业交给他掌管。当时，位于延安城东北方向的清凉山，是中央党报委员会、新华通讯社、解放日报社、中央印刷厂等新闻出版机构的集中地，所以清凉山被人们称为传播马列主义的新闻山。博古正是这座新闻山的挂帅人，他在中央领导下，将党的理论和政策，通过红色电波和一张张报纸，传向祖国的四面八方。

在选举新的中央委员会那天，代表投票后，大会宣布：唱票时可以自由活动，可是毛泽东一直没有离开主席台。他心中惦记着两个人的选举情况，一个是王明，一个是王稼祥。他后来说，如果王明选不上，大家心中都会不安的。

选举的结果，王明顺利当选，但王稼祥没有选上。所以，选举候补中央委员前，毛泽东在大会上专门谈了王稼祥问题。他说王稼祥虽然犯过路线错误，也有缺点，但他是有功的。我认为他是能够执行大会路线的。主席团把他作为候补中央委员的第一名候选人，希望大家选他。毛泽东还说，"这不过是个建议，请同志们考虑"。毛泽东的讲话，使代表们加深了对王稼祥的了解，认为王稼祥符合七大主席团确定的标准。6月11日，候补中央委员选举结果公布，王稼祥以第二高票当选。

犯过错误的同志，只要改过自新，就能继续为党工作。来自不同"山头"的同志，更要顾全大局，共同为党的事业奋斗。

在中国革命的特殊环境中，"山头"是自然存在的，并不可怕。但"山头主义"却是人为造成的，一旦产生，就会严重影响党的团结，影响党的凝聚力和战斗力。

为了消除"山头主义"，中央领导人在党内反复强调和而不同、团结一致的重要性。所以，毛泽东说《水浒传》要当一部政治书籍看，当时农民聚义，群雄割据，占据了很多"山头"，如清风山、桃花山、二龙山等，最后会聚到梁山泊，建立了一支武装，抵抗官军。这支队伍，来自各个山头，但是统帅得好。

毛泽东还这样评论《西游记》里的人物，说唐僧一心想去西天取经，百折不回，方向坚定，但他也有缺点，警惕性不高；孙悟空灵活机智，但他三心二意，方向不坚定；猪八戒缺点不少，但是能吃苦，七绝山臭稀柿胡同就是他拱开的。他们虽然中途闹了点不团结，但是经过互相帮助，团结起来，终于克服了艰难险阻，取得真经。

无论是梁山好汉，还是唐僧师徒，都揭示出一个道理：干部团队来自各个"山头"，是很正常的事。只要承认"山头"，照顾"山头"，就能克服"山头主义"，消灭"山头"，增强组织的凝聚力。

五湖四海，海纳百川

根据党和红军的实际情况，中共中央始终倡导和坚持"五湖四海"的用人政策。

1937 年 3 月，中共中央在延安召开政治局扩大会议，通过《中共中央政治局关于张国焘错误的决定》，对张国焘的"领导错误""右倾机会主义""忽视党的领导"等错误进行全面批判。考虑到红四方面军指战员的感受，决定特别指出，红四方面军的干部"是中央的干部，不是张国焘个人的干部"。但在实际工作中，这仍是压在不少同志心头的一块石头。

1944 年，毛泽东、朱德等中央领导去中央党校大礼堂，听取学员们的批评意见。时任一二九师军法处处长的丁武选，性情耿直。他批评中央和毛泽东说，你们在整风中反对宗派主义、"山头主义"，自己却偏心，不信任红四方面军的干部。他还举例说，中央在 1942 年发给一二九师的一封电报中，指示对原四方面军干部的任用与工作分配，应当和其他部队的干部"有所不同"。

丁武选的发言，使整个会场的气氛骤然紧张起来。毛泽东立刻起身说，电报是我起草的，原文应该是"一视同仁"，而不是"有所不同"，可以请原四方面军的同志派代表去电报局查实。

第二天，一二九师派出的代表将电报原稿带到会场，出示给全体与会者阅看。这是 1942 年 7 月 2 日《中共中央关于对待原四方面军干部态度问题的指示》，电文稿上清清楚楚写着："一视同仁"。

会场上又是一片寂静，接着响起了暴风骤雨般的掌声。毛泽东说，"由于译电的错误造成了误会，我向大家道歉"，现在这件事过去了，"我们更应团结一致，消除一切因过去历史关系而发生的任何隔阂"。毛泽东的讲话引起会场上一片呜咽，有人竟号啕大哭起来。人们的冤屈伴着泪水宣泄了出来，那是孩子回到了母亲身边，得到了母亲认同和亲抚的感觉。在场的人没有哪个不流泪的，那哭声惊天动地，哭声伴着哽咽，人们高呼"中国共产党万岁"！

实际上，中央后来也发现了这一错误，在北方局《党的生活》上做了更正。但一二九师当时正处在最艰难的反"扫荡"时期，未能将更正的指示传达下去，造成了后来的误会。

在增加党内团结的同时，不断扩大党的干部队伍，以满足全面抗战的需要，是摆在中国共产党面前的一个突出问题。毛泽东说，"政治路线确定之后，干部就是决定的因素。因此，有计划地培养大批的新干部，就是我们的战斗任务"。

经过二万五千里的漫长跋涉，红军数量锐减，大量优秀的指战员和干部牺牲，急需新生力量。在延安，大量的领导干部来自群众，但由于缺乏较为系统全面的教育，有些干部的文化水平较低，工作相对粗暴，缺乏经验，导致一些政策落实不力。而边区政府的一些干部则很多是军转干部，这些干部作战经验丰富，但缺乏行政管理经验。共产党的领导队伍需要新鲜血液的补充。

新干部从何而来？从青年知识分子中来！

1936年6月，24岁的河北青年王汝梅，放弃即将到手的燕京大学毕业文凭，陪同美国记者埃德加·斯诺去陕北访问。在保安，斯诺与毛泽东进行了深入交流，还访谈了上百位红军指战员。斯诺回到北平后，用自己掌握的资料，完成了《红星照耀中国》这部名著。

王汝梅没有随斯诺回去。他征得党组织的批准，改名为黄华，留在延安工作，称得上奔赴延安的第一位青年知识分子。

宝塔山，延安的标志。全面抗战爆发后，在空前严重的民族危机下，中国共产党的担当精神与实际行动，使宝塔山成为民族希望的灯塔。延安仿佛一个巨大的磁场，吸引了一大批像王汝梅这样的有志青年和革命志士。他们奔着宝塔山上的灯光，会集到中国共产党的旗帜下。

一时间，在通往延安的大路小径上，全国各地的青年知识分子络绎不绝。他们有的是夫妻相约、姐妹相约，有的是师生相约、长官与下属相约，千方百计地冲破限制，成群结队地奔赴延安。在他们的队伍中，还有来自东南亚的华侨，他们先到香港八路军办事处，然后通过越南进入昆明，再往西安、延安走，有的人走了大半年才到。

尽管一路辛苦，但每个人的脸上，都洋溢着期待与兴奋。诗人王云风这样形容当时的景象：

万重山，难又险，仰望圣地上青天，延安路上人如潮，青年男女浪涛涛。

那些长途跋涉、穿越封锁线的青年，用更激昂的诗句相互鼓励着前进：

割掉皮肉还有筋，打断骨头还有心，只要还有一口气，爬也爬到延安城……

延安的存在，成为那个时代青年心中最大的慰藉。"此路走不通，去找毛泽东"，这句质朴有力的话，代表了成千上万青年学生和爱国知识分子的心声。位于七贤庄的八路军西安办事处，是知识青年进入延安的中转站。这间不足 10 平方米的接待室，从 1938 年 5 月至 8 月，就介绍 2288 人前往延安。据统计，抗战前全国专科以上学校在校学生约 4.3 万人，至 1940 年减至 3 万余人。流失的 1.3 万学生，大部分去了延安。

从 1937 年到 1941 年，短短几年时间里，延安聚集起一个约4 万人的知识分子群体，出现了"天下英雄豪杰云集"的景象。他们有无数种主义可以信奉，有无数条道路可以选择，但最终选择了马克思主义，选择了延安。在延安付出他们的知识、热情甚至生命和未来的生活，践行救国救民、争取自由民主的社会理想。

革命青年千里迢迢奔赴延安的决心，让中共中央领导人很感动。毛泽东说：从西安到延安走了 800 里，这就是一个考验，政治上不坚定是走不到的。要好好教育、培养这些人，尽快发展他们入党。[①] 中共中央也抓住这个机会，及时作出《中共中央关于大量吸收知识分子的决定》，"广招天下士，诚纳四海人"，希望他们成为革命队伍中的新鲜血液。

"另外一个世界"

延安没有让远方来客失望。他们一走进延安，立刻感受到一个充满生气和活力的新天地。

摄影家吴印咸回忆道："深厚坚实的黄土，傍城东流的延河，嘉陵山上高耸入云的古宝塔，以及那一层层、一排排错落有序的窑洞，这一切都使我感到新鲜。特别是这里的人们个个显得十分愉快、质朴，人们之间的关系又是那么融洽。我看到毛泽东主席、朱德总司令等人身穿粗布制服出现在延安街头，和战士、老乡唠家常，谈笑风生。""我被深深地感动了。我觉得我已经到了另一个世界，这正是我梦寐以求的理想所在。"

1938 年 10 月，于蓝从北平来到延安。半年之后，她致信身在昆明的哥哥于亚伦说："延安是世界上最艰苦的地方，但也是世界上最快乐的地方！""我热爱延安的生活，官兵是平等的，同志们友爱互助，歌咏活动那样普遍，不论课间、饭后，你都能听到山谷中传出嘹亮的歌声，黄土高原的沟壑之间都住满了誓死与日寇战斗的青年，他们的歌声不时从那里传出。"于亚伦从字里

---

① 金冲及：《毛泽东传（1893—1949）》，中央文献出版社 2004 年版。

行间，感知出延安的非凡魅力。他不再犹豫，当即决定到延安去，参加革命队伍。

茫茫的陕北高原，沟壑纵横，地瘠民贫。尤其 1941 年，国民党切断所有供应，抗日根据地又发生严重天灾，边区军民一度陷入几乎没有衣穿、没有油吃，在寒冷的冬天里甚至没有棉被盖的地步。

延安泽东青年干校学员刘明学在延安待了 6 年，竟然没有用过筷子：生活在延安的我们 6 年没用过筷子，因为没有可夹的东西，用什么筷子？每个人一把勺子、一个缸子。缸子天天就挂在屁股后面的皮带上，这是一个多用处的东西。洗脸需要它，喝水需要它，吃饭需要它，刷牙需要它，反正这是个万宝杯。

延安电影团成员翟超的回忆里，延安的生活"特别艰苦"：

生活特别艰苦，艰苦到什么程度呢？我们发展以后穿的军装特别是夏天的军装叫再生布。什么叫再生布呢？就是穿破这衣服收回去了，再经过加工弹一弹又织成布，然后又做成衣服发给大家，稍微一干什么活儿就破了。我们在抗大七分校待了两年多，在抗大七分校我们打窑洞，都住在山尖子上，打窑洞前两三夜大家就住在露天院场里面，搁一点草，然后就铺在底下，上面自己有一个被子……主要是打窑洞，到几十华里以外背粮往返。小米

于蓝（1921— ）

1921 年出生，辽宁岫岩人，曾用名于佩文。1938 年冬至延安，后入抗日军政大学学习，1939 年加入中国共产党，后任延安鲁迅艺术文学院实验话剧团、东北文工团、东北电影制片厂、中央实验话剧院演员，中国儿童电影制片厂厂长。主演《林家铺子》《革命家庭》《在烈火中永生》等影片。

莎莱（1923—2014）

河北磁县人，出生于安徽蚌埠，曾任武汉市文联主席。1938 年至延安，次年入鲁艺音乐系第三期学习，师承冼星海。《黄河大合唱》首演时，担任《黄河怨》独唱，毕业后留院工作。写有歌曲《纺棉花》、歌舞诗乐《九歌·屈原》。

华君武（1915—2010）

中国著名漫画家，鲁艺美术系学员，鲁艺美术系漫画研究会负责人。出生于杭州。1938 年到达延安。1939 年 10 月，华君武成为鲁艺美术系学员，祖籍江苏无锡荡口，出生于杭州。1938 年到达延安。1939 年 10 月，华君武深入工农兵当中，学习他们的语言，使其漫画作品的题材和风格发生变化，锋芒直指民族敌人和阶级敌人，并创作出一批佳作，诸如《肉骨头引狗》《丰收》等。

粥不像现在咱们的糨糊那样稠糊，那时候更难吃，比秕米还难吃，菜就是煮土豆。打了窑洞我们搬到窑洞里，窑洞很潮湿，有的同志得了关节炎。开始住在窑洞里面一个班有十几个人，地下没有铺的，后来每个班发两条毛毡，一米来宽，一米六七那么长。一个班发两条，这两条炕都铺不满，怎么办呢？就这两条都铺在上面，地下还有土，就这么过。困难的时候，每人每天只能供应一斤小米、一钱油、两钱盐，几乎顿顿盐水煮土豆、白菜汤或者南瓜汤。而最困难的时候，他们连粮食都没有，就吃黑豆、土豆和莴苣叶。

至今，鲁艺实验剧团团员于蓝还不喜欢吃土豆，"因为吃够了"。莴苣的叶子不但苦还老，以至于莎莱她们只能撕着吃。饥饿的时候，人们的想象力都被放大了，什么东西都是可以作为食物的。鲁艺美术系学员华君武和他的战友们，连用来糊窗户纸的糨糊都吃过，"打的一碗糨糊，用了一半，还有一半就把它姜云川（1923—？）

河北雄县人，新闻纪录电影编导，延安电影团团员。1942年2月到延安，任八路军总政治部警卫队排长，1945年10月调入延安电影团。1949年任北京电影制片厂创作科科长、新闻纪录电影编导。1952年任新闻电影制片厂纪录电影组编导、副总编辑。从一位不识字的八路军战士，到成为知名电影编导，姜云川的改变发生在延安。曾编导《延安生活散记》《南泥湾》《纪念白求恩》等著名新闻纪录片。

吃掉了"。①

延安电影团成员姜云川50天没吃到一点咸盐，开始"乱投医"：我那时候也傻，就跑到人家老百姓那墙底下。墙上不是有那个砖缝嘛，里面泛出一些白沫，就拿舌头舔那个，把舌头烧了个大泡。

即使开展了轰轰烈烈的大生产运动，延安人不再靠小米和黑豆过日子，但延安的生活也仅限于饱腹。

在原红四方面军战士万曼琳的回忆里，小米稀饭是延安饭桌上的主食，很少吃肉，菜品也单一。大概一个月半个月给吃一次肉，大烩菜，多少年一直是那豆腐白菜粉条，一人拿个碗，好大一口锅，一人去舀一勺。

馒头、米饭、肉丁烩面条……这些在今天看来稀松平常的饭，在当时的延安，也只有在过节时才有这样的口福。延安的苦，如同无处不在的空气，无声无息地在这个小城的各个角落氤氲：

没有牙刷，没有牙膏，摘下帽子，蘸着延河里的水擦擦牙；没有鞋子，就用旧衣服撕成碎条编成鞋子，很多人还赤脚；那时每人半月发半根铅笔，我们用铁皮夹上写字，直到全部用完；发几张土麻纸，情况好一点儿后，每月发两张油光纸，三个月发一

---

① 中央电视台等：《大鲁艺》，中国民主法制出版社2014年版。

丁玲（1904—1986） 中国当代著名作家、社会活动家，原名蒋伟，字冰之，笔名彬芷、从喧等。在陕北，丁玲曾担任「中国文艺协会」主任、中央警卫团政治部副主任、西北战地服务团团长、《解放日报》文艺副刊主编、陕甘宁边区文协副主席等职务。其长篇小说《太阳照在桑干河上》，1952 年荣获苏联斯大林文艺奖，并被翻译成多种文字。

个蘸水笔尖；三个人用一盏小油马灯，每晚两钱蓖麻油……①

　　然而，就是在这个没有好山好水的小城，一股摧枯拉朽的力量正在酝酿，并在日后以惊人的速度与深度爆发。"延安人"们，不顾物质匮乏，视延安为圣地和天堂。

　　去延安之前的丁玲，是彷徨迷茫的，迫切需要人间的感情，希望"占有许多不可能的东西"，但又悲观绝望，只想"到无人认识的地方，悄悄地活下来，悄悄地死去"。

　　来到陕北，她看到这里与她以前生活的世界天壤云泥，她原以为这里的人一定很褴褛，不料却这么漂亮。她更奇怪："为什么这里全是青年人呢？"老年人也好，中年人也好，他们全是充满着快乐的青春之力的青年。千沟万壑的黄土地上的人们，过着苦日子，但他们是快乐的。曾经的"延安人"们生机勃发，眼睛里闪动着年轻的光彩。快乐，成为生活在那里的人们共同的，也最刻骨铭心的回忆。

　　何理良：有时候一年也吃不到肉，但是人们的精神非常愉快……在这里可以高谈抗日，可以学习……马恩列斯的著作、毛泽东的著作。

① 参见林伟：《忆自然科学院发展的一些情况》，见《延安自然科学院史料》，中共党史资料出版社、北京工业学院出版社 1986 年版。

何其芳（1912—1977）

中国著名诗人、散文家、小说家、文学评论家，"红学"理论家。重庆万州人。北京大学哲学系毕业，与卞之琳、李广田一起，被称为"汉园三诗人"。著作主要有：散文集《画梦录》，诗集《预言》《夜歌和白天的歌》，并发表多篇政论，对国民党消极抗战表示极大愤慨。1938年到达延安，在延安鲁迅艺术学院任教，同年加入中国共产党。在延安鲁迅艺术学院开设"古典文学和诗歌鉴赏"等课程，并在1939年《文艺战线》创刊号上发表诗歌《我歌唱延安》。

李一非（1921—2019）

1920年出生，1937年5月参加革命工作，1938年夏天到延安入鲁艺音乐系第二期学习。在延安，李一非是文艺活动积极分子，因为扮演《国际玩具》中的"洋娃娃"角色，而获得"洋娃娃"的绰号。朱德总司令见到李一非，都开玩笑地叫她"洋娃娃"。后一直在核工业部下属单位工作。

肖彬：苦是苦一点，生活活跃得很，也不是太苦，能吃饱饭，我愿意在那里，我是自己去的。

翟超：那时候歌多，老百姓搞拥军爱民，这些歌都唱了。

张开帙：艰苦确实艰苦，我们睡觉没有床，只有窑洞里面的土炕，大家都在一块儿睡，翻身都不行。上课的时候没有课堂（教室），在窑洞前面坐在那里，本子放在那里记，也没有书，教员在黑板上写，我们就记，很艰苦，但精神很好。

苏佩荣：所以在延安，我们还是不错的。美好的回忆，现在回忆都是美好的回忆了。

这是一道永不泯灭的集体记忆，它记述了延安的苍茫往事，但更印证了延安是他们的精神殿堂。

诗人何其芳曾这样写道："同时我想，延安的人们那样爱唱歌，大概由于生活太苦。然而我错了，刚刚相反，是由于生活太快乐。"

延河，是一条诗意盎然的河流。延河畔，歌声缭绕。在延安男人们的眼里，延安的歌声刚健而雄浑。延安泽东青年干校学员刘明学称，他们天天唱的"都是'风在吼，马在叫，黄河

李焕之(1919—2000)

著名作曲家、指挥家、音乐理论家,延安鲁艺音乐系教员。福建晋江人,生于香港。1938年8月到达延安,在鲁迅艺术学院师从冼星海学习作曲指挥,毕业后留校任教。抗日战争胜利后,任华北联合大学文艺学院音乐系主任。新中国成立后,先后担任中央音乐学院音乐团团长、中央民族乐团团长等职务,代表作有《春节组曲》《社会主义好》等。

在咆哮',要不就是'大刀向鬼子们的头上砍去'……到处都是一片歌声"。①

在延河的姑娘们眼里,延安的歌声革命而浪漫。鲁艺音乐系学员李一非认为在延安的岁月,是一段青春多姿多彩的浪漫旅程。还有那延河,不仅有春天山花烂漫、冬天银装素裹的美景,更是歌声的海洋。清晨,大家纷纷跑到河边去洗漱,就情不自禁地唱起来了,"延水浊,情郎哥哥去当兵……"当太阳光从东山坡上洒向大地,就响起了"红日照遍了东方,自由之神在纵情歌唱……"晚饭后,你就会听到"夕阳辉耀着山头的塔影,月色映照着河边的流萤……"延安已经成了名副其实的"歌咏城"了。歌声飘荡着的还有延安的窑洞,尤其是女生宿舍。

黄土连着黄土,山挨着山的塬上,还有人们活泼、快乐的舞步。虽然舞池是朴实甚至是简陋的,只是经过平整的土地,没有炫目的霓虹灯光,更没有摇曳的奢华裙裾,但有拿床单当大裙子、拿纸做花的女孩子们,也有由衷开怀的笑声。舞池里翩翩起舞的影子,有艺术家的、学生的、普通战士的,还有首长的……延安流行的舞蹈,有交谊舞、踢踏舞,还有秧歌。

在延安,有一座天主教堂,它被人们称作"跳舞的天堂"。

---

① 中央电视台等:《大鲁艺》,中国民主法制出版社2014年版。

孟于（1922— ）

1922 年出生，四川成都人。上学时，因为与一位从延安回来的同志交流而向往延安。1939 年到延安，入中国女子大学，1941 年加入中国共产党。1940 年考入延安鲁艺学院音乐系。曾参与《白毛女》《血泪仇》等歌剧的演出。新中国成立后，先后担任中央歌舞团独唱演员、副团长、党委副书记。代表作有《平汉路小唱》《慰问志愿军小唱》等。

每周六，鲁艺的师生都会在这里举办化装舞会。至今，胡仁智回忆起这段岁月，幸福溢于言表：

> 艺术家们把作为舞场的教堂布置得很优雅，为舞会伴奏的以音乐系为主力的乐队在延安也是一流的。当时延安男多女少，所以在舞会上，鲁艺的女学生是最受欢迎的女舞伴。主席和总理也时常来鲁艺跳舞。[1]

没有酒吧，没有舞厅，没有歌剧院，没有公园的延安，生活在那里的人们，日子是充实的，也是丰富多彩的。

举办新年干部晚会的时候，大家可以起哄求毛泽东唱歌，主席最爱唱的是《国际歌》。放映听不懂的英文原版电影时，能够请"恩来同志做翻译"。机灵的"小鬼们"把领导人的腔调模仿得惟妙惟肖，把现场的人包括被模仿者逗得哈哈大笑。延安的知识分子，摆上一张桌子就能开展一场唇枪舌剑的辩论，气氛热烈。延安学校学习氛围浓烈，各种研究与学习组织层出不穷，人们敢想敢说……

鲁艺音乐系教员李焕之几经辗转，才来到延安：

> 从香港经过广州、武汉再到西安，经过沿路几站，都是八路军办事处给我们办手续。从西安到延安那个时候也还比较容易走，

---

[1] 中央电视台等：《大鲁艺》，中国民主法制出版社 2014 年版。

坐了三天汽车，又走了三天路就到了延安。

这些冒着风险长途跋涉而来的年轻人，一见到延安的宝塔山，便觉得像一脚踏进了天堂，难抑激动与欣喜。

孟于在奔赴延安的路上，也碰见了几批从晋西北、晋东南来投奔延安的青年，大家一起唱着歌走到了延安城。在延安城，首先看见了宝塔山：

宝塔山当时在我们心目中，它就是光明的象征，所以看到宝塔山激动得不得了，很多同志都哭了，流下了热泪。因为千里迢迢，我们冒着生命的危险来投奔党——母亲的怀抱，所以特别激动，跳啊，蹦啊。①

太阳西斜，一片云彩把黄土地照得金黄金黄的，真漂亮。②

盛婕到延安，恰是 6 月的收获季节，她看到：

人们的精气神都很高，年轻人红光满面的，黄土地上的空气又好，从心里感觉到一种舒服。③

在那段烽烟滚滚的日子里，先后来到陕北的著名文化人，有历史学家范文澜，哲学家艾思奇，文学家周扬、徐懋庸、田间、何其芳、柯仲平、张庚、萧军、艾青、高长虹，艺术家吕骥、蔡若虹、力群、江丰、王式廓等，还有留法博士何穆、陈学昭夫妇，留美博士、科普作家高士其等。延安，成为他们的理想高地与信仰圣地，他们跨过千山万水，追逐这个在世人眼中闪耀着神秘且迷人光泽的"天堂"。

在延安，还有大量的移民到边区开荒垦地。埃德加·斯诺在《大河彼岸》中描述过这样一幅情景：一位农民离开自己的家乡来到边区，"因为，那里有另外一个世界"。很多外国人，也同样为延安所吸引。1937 年秋天，海伦·斯诺结束红区之行，准备从

① 中央电视台等:《大鲁艺》，中国民主法制出版社 2014 年版。
② 中央电视台等:《大鲁艺》，中国民主法制出版社 2014 年版。
③ 中央电视台等:《大鲁艺》，中国民主法制出版社 2014 年版。

西安赶赴北平。在西安火车站，一路护送她从延安到西安的小警卫员，眼泪从他黝黑的面颊上滚落下来。多年后，海伦写道：

这是一个中国人在流眼泪，好像送别他最亲近的亲戚。这是中美友谊的根基。

海伦还说过这样动情的话：

我愿在墓中面向东方，那是太阳升起的方向。

海伦去世后，英国《经济学家》杂志在讣闻中说，斯诺夫人研究中国的结论是：社会主义为中国展示了美好的未来，因为引领这一社会主义的，是中国历史性的高尚道德观念。

另外一名与中国结下深厚友谊的美国记者艾格尼丝·史沫特莱，同样对中国、对延安念念不忘：

我一直忘不掉我并不是一个中国人，但我是忠于中国的，不知是什么缘故，我总以为自己是中国人民中间的一个，我仿佛已经生根在那块土地上了。中国人民是非常善良的人民。他们的俭朴、勤劳和勇敢，他们的毫无虚饰的真挚的友情，以及他们的领导人的动人的个性、智慧和远见……所有这一切都使我不能不对中国产生深厚的感情。有一天，我终究是要回到中国去的。

再惨烈的战争也不能剥夺人们对幸福生活的渴望。延安有着巨大的吸引力，那些来自四面八方的面孔在延安聚集，他们在这里感受到精神的富足、尊严、自由、民主，以及对未来的无限希望。

中国人民抗日军政大学

简称『抗大』，前身是中国人民抗日红军大学。1937 年 1 月，红军大学随中共中央由保安迁到延安，改名为中国人民抗日军政大学，专门培养抗日军事政治干部，是当时延安最具影响力的学校。

延安的课桌

为把这些宝贵的知识青年培养成德才兼备的干部，中共中央在延安开办了中国人民抗日军政大学、陕北公学、中国女子大学、鲁迅艺术学院、延安自然科学院、马列学院等 20 多所各种类型的院校，培养各方面的干部。由于校舍基本上都是简陋的窑洞，所以它们有一个共同的名字——"窑洞大学"。这时的延安，仿佛就是一座大学城。她张开温暖而有力的双臂，拥抱来自天南海北的知识青年。

延安的学校培养出来的优秀人才，毕业后或者留在后方，或者奔赴前线，有些还深入敌占区或国统区，向百姓、军队宣传共产党信仰、执政理念以及延安精神。他们中的很多人，如中国人民抗日军政大学的学员，大多在战场中浴血奋战，为全国抗日战争、解放战争的胜利作出了不可磨灭的贡献。

中国人民抗日军政大学（以下简称"抗大"），是延安最有影响力的大学。1936 年斯诺到陕北时，这个共产党的"最高学府"还称红军大学，"以窑洞为教室，石头砖块为桌椅，石灰泥土糊的墙为黑板，校舍完全不怕轰炸的这种'高等学府'，全世界恐怕只有这么一家"。①

在学员苏智的记忆中，在抗大的日子过得紧凑且生活也是苦的：

在抗大就是上课，持枪瞄准、学日本的花枪。吃饭，干的吃5分钟，稀的吃10分钟，到时间了就哨子一吹都站队——把碗扣过来。早上自己背柴火做饭，礼拜天背粮。

抗大的学员主要分为两类：一部分是从部队中抽调的红军军政干部；另一部分是从全国各地来到延安的知识青年。②

抗大初建时，毛泽东亲自兼任政治委员。他为学校制定的教育方针是："坚定正确的政治方向、艰苦朴素的工作作风、灵活机动的战略战术。"确定的校训是："团结、紧张、严肃、活泼。"这两句话，也是当年延安各机关、部队、学校借以加强自身建设的重要原则。

为激励学员努力学习，肩负起抗日救国的责任，1937年11月，毛泽东委托中央宣传部负责人凯丰为抗大谱写一首新的校歌。接到这一任务的凯丰，心潮澎湃，很快谱写出激动人心的歌词：

---

① 参见［美］埃德加·斯诺：《西行漫记》，董乐山译，东方出版社2010年版。
② 参见中共中央文献研究室编、金冲及主编：《毛泽东传（1893—1949）》，中央文献出版社1996年版。

叶尚志（1919—2014）

原名叶光亮，1919 年 9 月出生，安徽人。

1937 年受兄长启蒙教育，参加革命工作，西渡黄河到延安抗大学习并加入中国共产党，被评选为学习突击队员、政治课代表。毕业后，选调到抗大总校政治教员训练队学习理论，留校工作，前后五年。

新中国成立后，由中央组织选调回京，历任中共中央统战部干部三处处长、中央民委人事司司长等职。著有《烈火雄风》《世纪留笔》等文集，以及《叶尚志书画集》等作品。

黄河之滨，

集合着一群中华民族优秀的子孙。

人类解放，救国的责任，

全靠我们自己来担承。

同学们，努力学习，

团结紧张，严肃活泼，

我们的作风。

同学们，积极工作，

艰苦奋斗，英勇牺牲，

我们的传统。

像黄河之水，汹涌澎湃，

把日寇驱逐于国土之东，

向着新社会前进，前进，

我们是抗日者的先锋！

抗大的教员都是"王牌级"的人物，既有身经百战、享有盛名的军事将领，如刘伯承、林彪、罗瑞卿、徐向前等，也有胸有丘壑的著名学者，如艾思奇、何思敬、任白戈等。毛泽东和一些中央领导人，也经常为抗大讲课。

毛泽东后来说："那时我可讲得多，三天一小讲，五天一大讲。"每当开学典礼或结业式时，他通常都要到会讲话，鼓励学员在学校里要好好学习，走出校门要向社会学习。

毛泽东的讲课风趣生动，深入浅出，往往将深刻的哲学道理和活生生的具体实践结合起来讲，深得学员的欢迎。不少抗大学员还能回忆起毛泽东讲课的场景。刘白羽在回忆中写道：

当讲到前途是光明的，道路是曲折的时候，毛主席安详而沉静地朝前望着，举起右手掌慢慢向前方推去，这是推动历史前进啊！这时你的心情特别庄严，什么艰难险阻，困苦重重，都不在话下，就是付出生命，也会马上站起毅然决然走上前去。

叶尚志回忆说：桌子上放一杯水，一包香烟，毛主席就站在那个中间，给我们讲话。讲话很长，大概一下午。他讲的时候，一个手叉腰，一个手做手势。他的声音低沉、厚重，一口湖南话。他的裤子还打了补丁，戴的帽子还是红军时代的帽子。他讲什么呢？第一个，欢迎我们从前方回来。第二个，讲抗战形势。第三个，讲国际形势。第四个，讲持久战。

从抗大毕业，学员们即将留在后方或奔赴前线，毛泽东也往往会发表重要讲话，叮嘱学员。叶尚志回忆说：

他讲的中心意思，就是我们（指学员）出去，到前方，在战争里面学习战争。"你们（指学员）要当领导，就必须先当好被领导；你们要领导群众，必须先做群众；你们要当先锋，必须先做学生。"

抗大的学员，不但在抗大学习军事理论、马列思想，还有艰苦奋斗、群众路线等延安精神。

邓小平也常来抗大讲课。他在备课时，没有香烟，就去毛泽东那里，一边讨论讲课问题，一边抽毛泽东的香烟。时间长了，毛泽东看到邓小平来了，就主动给他拿香烟。后来，有人就说："邓小平是讨烟专家，他吸的是'伸手牌'香烟，我们捡烟头吸，那真是'弯腰牌'香烟。"

李富春在抗大 1938 年 8 月 1 日毕业典礼上有关群众路线的

报告，给叶尚志留下了深刻的印象：他就讲共产党不能脱离群众，共产党从群众里来，要回到群众里面去，一切为了群众，要了解群众，要懂得群众，要研究群众，要为群众谋利益，时时刻刻不能忘了群众。群众是实际的一群人，不是空中楼阁，他有他的实际利益，要为他的利益而奋斗。

在这样的气氛中，抗大越抗越大。总校先后办学 8 期，并在全国创建了 12 所分校、5 所陆军中学和 1 所附设中学，共培养10 多万名德才兼备的军政干部，被誉为"造就成千成万的铁的干部"的人才基地。

抗大，成为沟通延安与全国的纽带，成千上万个青年，在抗大接受信仰、理论的洗礼，随后奔赴全国各地，以行动融入中国的历史洪流。时间长河，将抗大带得更远，很多抗大的学员，成为日后共和国建设的中坚力量。

叶尚志认为，抗大是个至关重要的节点：它的作用是什么呢？它的作用是培养了 20 万毕业生。20 万毕业生分到哪里？分到全军，抗大的学员遍布全军。这种人民军队的传统精神、思想作风都是抗大带去的，是抗大在那里贯穿传播的。没有抗大也就没有人民军队，没有人民军队也就没有新中国。

在抗大学习与工作过的李志民后来也说："现在我们再回顾四十多年前这段历史，就更感到当年党中央、毛泽东同志对待知识分子大胆信任、大胆使用的政策是完全正确的。如果当年不搞五湖四海，而搞'孤家寡人'的关门主义，把从国民党统治区来的知识青年，或是在政治历史上沾点'灰尘'的青年统统拒之门外，我们就组织不起来浩浩荡荡的革命大军，巩固不了抗日民族统一战线，要取得抗日战争的胜利是不可能的。"

同抗大一样，创办于 1937 年的陕北公学，也是"窑洞大学"的一个杰出代表。在这所统一战线性质的学校里，学员有共产党员，也有国民党员；有工人，也有农民；有汉族，也有少数民族；

1921年，全国共产党员57人；

1937年，全国共产党员4万人；

1940年，全国共产党员80万人；

1945年，全国共产党员121万人；

1947年，全国共产党员270万人；

1949年，全国共产党员448万人；

1956年，全国共产党员1073万人；

1980年，全国共产党员3800万人；

1990年，全国共产党员4900万人；

2000年，全国共产党员6451万人；

2010年，全国共产党员8026万人；

截至2014年年底，中共党员总数为8779.3万人。

有红军，也有来自国民党统治区的干部；有十几岁的青年，也有年过半百的老人。为了抵御外侮，为了民族振兴，他们走到了一起。

毛泽东对陕北公学有很高的评价，他说：陕公是全中国的缩影，"陕公是代表着统一战线，陕公是一幅进步的缩图"，"中国不会亡，因为有陕公"。1939年7月7日，毛泽东对即将上前线的陕北公学师生说，姜子牙下昆仑山，元始天尊赠了他杏黄旗、四不像、打神鞭三样法宝。现在你们出发上前线，我也赠给你们三样法宝，这就是：统一战线、武装斗争、党的建设。

从这些延安院校走出来的干部，大多在各条战线上成为骨干力量，为中国革命作出了不可磨灭的贡献。其中有身经百战、统率千军万马的八路军、新四军将领和各级指挥员，也有深入敌后带领群众开展斗争的各级干部。由于他们大多是1938年前后参加革命的同志，所以后来又被称为"三八式"干部。这是中国革命对来延安的知识青年最准确的历史定位。

从"窑洞大学"毕业的学员，奔赴新的工作岗位后，用学到的知识去教育群众、组织群众。往往几个月的时间，就能拉起一支队伍，建立根据地。就这样，哪个地方有党的干部，就有党的政策实施，就有党的组织发展，就有巩固的根据地。

2005 年播出的电视剧《亮剑》，讲述了共产党优秀将领李云龙富有传奇色彩的一生。李云龙从担任八路军独立团团长，率部在晋西北抗击日寇开始，经常将自己的队伍化整为零，分散到各个乡镇去发展力量，结果是党领导下的革命部队越来越壮大。其中，李云龙与丁伟、孔捷有这样一段对话：

李云龙：我在大孤镇的外围摆了三个营，把它夹在中间，让它动弹不得……

丁伟：哎，老李，你用三个营，那可是你的全部主力，鬼子一旦逼近根据地，你怎么办？

李云龙：你知道老子有多少人马吗？说出来吓你们一跳，告诉你们，不多不少，整整八个营。

孔捷：八个营！老天爷，都知道你李云龙今年发了财，没想到你小子成了暴发户，部队扩充了近三倍。

这样的对话，虽是艺术创造，却是历史真实的反映。

共产党重视基层组织建设，干部具有发展组织的能力，是共产党区别于其他政党的一个显著特点，也是共产党在组织优势上的一个光荣传统。这一点，是当时执政的国民党难以想象、更不可能做到的。

在《亮剑》中，李云龙的对手楚云飞和副官在对话中不禁感慨：

副官：团座，一营和炮营的事已经搞清了，他们处在李云龙一个团的包围之下……

楚云飞：他李云龙在大孤镇集中了一个团的兵力，他哪来的这么多部队？

副官：我了解过了……虽然还是一个团的番号，可是兵力已经达到三个团。

楚云飞：共产党拉队伍的速度简直是太可怕了。

党的基层组织快速发展，党员人数的成倍增长，成就了中国共产党从胜利走向胜利的伟大事业。

"用其所长""知人善用"

1938 年 10 月，毛泽东在《中国共产党在民族战争中的地位》中指出："在这个使用干部的问题上，我们民族历史中从来就有两个对立的路线：一个是'任人唯贤'的路线；一个是'任人唯亲'的路线……共产党的干部政策，应是以能否坚决地执行党的路线，服从党的纪律，和群众有密切的联系，有独立的工作能力，积极肯干，不谋私利为标准，这就是'任人唯贤'的路线"。[①]

延安的干部有两类。旁观者赵超构在延安观察发现：

共产党的干部中，有一部分干部是本地工农出身的。他们文化低落，知识不足，可是因为出身工农，对于地方情形和工农生活非常熟悉，他们的经验应付群众是游刃有余的。例如，各地有许多县长乡长，尽管一字不识，干起生产运动来却比知识分子内行得多，对于这一部分干部，党政当局的方针是，选拔他们到各校上课，提高他们文化理论的水准，然后再放他们回群众中去。

另一部分干部，出身于知识分子，多数还是从外边来的。他们有理论的头脑，却缺乏实地经验。因此，他们的见解不免于"主观主义"，他们的行动容易脱离群众，成为"官僚主义"。对于这一部分知识干部，共产党给了他们一个严厉的训令："向群众学习。"[②]

本地工农出身的同志，更容易与群众打成一片，他们被大量提拔为当地干部。

1942 年 12 月，毛泽东在中共西北局陕甘宁边区高级干部会议上做了《经济问题与财政问题》的书面报告，其中称赞了延安县同志们在领导群众开荒生产，组织变工队，安置移民和教育

---

① 参见《毛泽东选集》第二卷，人民出版社 1991 年版。

② 赵超构：《延安一月》，中国国际广播出版社 2013 年版。

改造落后农民等工作中的优异表现，"我们看，延安同志们对于工作是怎样充满了负责精神的：'一九四二年农具贷款放迟了一个时期，早一天早开多少荒地！''抓紧时间，迅速解决各种问题是必要的，迟一天少开多少荒地！''制订每个农户的生产计划。''领导上抓得紧，检查严，对于完成任务是有决定作用的。'这种精神，对于那些一遇困难就唉声叹气，就缩手缩脚的人们，对于那些办事不认真，得过且过，敷衍了事的人们，真是一个天上，一个地下！在这种精神下，延安同志们没有一件事不是实事求是的。他们对于他们所领导的延安全县人民群众的情绪、要求及各种具体情况是充分了解的，他们完全和群众打成一片，他们有很好的调查研究工作，因而他们就学会了马克思主义的领导群众的艺术，他们完全没有主观主义、宗派主义与党八股……边区各县同志中像延安同志这样或差不多这样的人是不少的，我们希望这些同志的模范经验，能够很快地推广到一切县、区、乡里去"。

而知识分子，同样是延安时期革命建设的重要力量。

1939 年 12 月 1 日，毛泽东提议中共中央作出《关于大量吸收知识分子的决定》。这是建党以来，党中央作出的第一个关于知识分子问题的决定。毛泽东起草的这个决定尖锐指出，没有知识分子参加，革命的胜利是不可能的；对于知识分子的正确政策，是革命胜利的重要条件。他是这样说的："在长期的和残酷的民族解放战争中，在建立新中国的伟大斗争中，共产党必须善于吸收知识分子，才能组织伟大的抗战力量，组织千百万农民群众，发展革命的文化运动和发展革命的统一战线。没有知识分子的参加，革命的胜利是不可能的。"同时，还批评道："许多军队中的干部，还没有注意到知识分子的重要性，还存着恐惧知识分子甚至排斥知识分子的心理。许多我们办的学校，还不敢放手地大量地招收青年学生。许多地方党部，还不愿意吸收知识分子入党。"最后指出，"全党同志必须认识，对于知识分子的正确的政策，是革命胜利的重要条件之一"。①

《关于大量吸收知识分子的决定》对知识分子的岗位工作进行了简单的阐述，就是要进入军队、学校和政府中工作，利用知识分子的教育、宣传等方面的作用，来提高八路军、边区政府的知识水平和综合素质。

著名诗人柯仲平 1939 年写了一首诗，真实地反映了为什么大量热血青年奔赴延安："青年！中国青年！延安吃的小米饭，延安穿的麻草鞋，为什么你爱延安？我们不怕走烂脚底板，也不怕路遇'九妖十八怪'，只怕吃不上延安的小米，不能到前方抗战；只怕取不上延安的经典，不能变成最革命的青年。"

大量知识分子涌入延安，中国共产党确定了"任人唯贤、德才兼备、五湖四海"的干部路线和原则，大胆使用知识分子。

大量的中青年干部开始走向领导岗位，尤其是知识分子，进入了政府及教育机构中担任重要职务。

1942 年 7 月 13 日，陕甘宁边区政府根据中共中央指示精神，提出：对于军事家、工程师、技师、医生等各类人才，一律以他们的专门学识为标准，给以充分的负责工作，如工厂厂长、医院

---

① 参见《毛泽东选集》第二卷，人民出版社 1991 年版。

王琦（1918—2016）

重庆人，鲁艺美术系二期学员，版画家。1937年毕业于上海美专。1938年在延安鲁迅艺术学院美术系学习。新中国成立后，历任北京中央美术学院教授，中国版画家协会秘书长、副主席、主席，中国美术家协会理事、常务理事、副主席、党组书记、顾问。

古元（1919—1996）

字帝源，版画家，中央美术学院教授、院长，中国美术家协会副主席，中国版画家协会主席。1938年赴延安，进入陕北公学学习。1939年考入鲁艺美术系第三期。1940年毕业后，被派往延安县川口区碾庄乡实习，担任乡政府文书。他在农民家里吃『派饭』，住在乡政府办公的窑洞里，和当地干部一起工作，和农民们一起劳动。在工作劳动之余，他创作了一些识字画片，教乡亲们识字。在延安，他创作了不少反映陕北人民生活的作品，被选为陕甘宁边区文教代表，并被授予甲等奖。1951年创作新年画《毛主席和农民谈话》，获文化部颁发的新年画二等奖。

彦涵（1916—2011）

江苏连云港人，艺术教育家，版画家。1935年进入杭州艺专学习绘画。1938年，和同学一起从西安出发，步行11天到达延安，进入鲁艺美术系学习，参加了美术系木刻训练班。他的木刻创作风格朴素、粗犷，且带有浪漫主义风格，创作了《当敌人搜山的时候》《把她们藏起来》等作品。他创作的16幅木刻连环画《狼牙山五壮士》，经周恩来之手，交给了美国朋友，在美国《生活》杂志出版。新中国成立后，历任中央美术学院华东分院（现中国美术学院）、中央美术学院、北京艺术学院教授，中国文联第四届委员等职。著有《彦涵版画集》《彦涵画辑》《彦涵插图木刻选集》等。

院长等，而不是以他们的政治认识为标准，对他们给予充分的信任。对于广大文艺知识分子，充分发挥他们的文艺才能，让他们组织各类文艺团体，举办文艺杂志，成立各种教育研究机构，自由地发表作品。

在陕北的黄土地上有一种艺术——木刻版画，成为延安和解放区文艺百花园中的一道独特风景。

诞生于1931年的中国现代木刻，发展到20世纪40年代，在延安形成了一个以鲁艺为中心的艺术流派。这个艺术流派的成员之一力群，把这个思想倾向一致、艺术风格接近的木刻流派，称为"延安学派"。"延安学派"的木刻具有鲜明的政治色彩、浓厚的生活气息和强烈的战斗气氛，反映与表现的大都是在共产党领导下边区人民的生活和斗争，以及前方抗日军民的战斗业绩。在艺术形式上，则逐渐摆脱了外国版画的影响，显示出具有浓郁民族特色的美学风格。

这些表现解放区崭新生活的木刻作品，雅俗共赏、广受喜爱，还为解放区艺术在世界赢得了荣誉。

1945 年在美国出版的《中国木刻集》一书中有这样一句话："木刻帮助中国人民进行战斗！"这是中国木刻艺术第一次系统地被介绍到国外。

用木刻代替锌板，还能够弥补延安新闻机构缺乏制版设备的不足。另外，木刻可以一板多印的特点，更能适应广泛宣传和教育群众的政治需要，具有其他画种所不具备的优势。这一切都为木刻的发展提供了必要的基础和充分的保障。

1942 年 10 月，全国木刻画展在重庆举行，由周恩来带到重庆的解放区木刻作品在这次画展上引起了强烈的反响。鲁艺美术系学员王琦回忆起那次画展依然情绪高昂：

在那次木刻展览会上，延安的木刻大放光芒，徐悲鸿来看了，惊呼好得不得了。他为此还写了一篇文章说：我于 1942 年 10 月 13 日下午在中苏文化协会木刻展览会上，发现中国共产党一个大艺术家——古元，古元的木刻《锄草》可算是中国近代美术史上的重要收获，我非常庆幸还不到 20 年的中国木刻竟然诞生了一颗巨星，我不禁为之深深地庆贺。①

画展上的作品都是古元、彦涵、力群等鲁艺木刻家们参加了延安文艺座谈会以后创作的作品。1940 年毕业后，古元到延安县

① 中央电视台等：《大鲁艺》，中国民主法制出版社 2014 年版。

川口区碾庄乡实习，担任乡政府文书。在工作劳动之余，以老百姓的日常生活为题材，创作了大量作品。他每刻完一幅，都要拓印好多张送给乡亲们提意见。

一开始，老百姓对外国的木刻并不接受，鲁艺美术系教员力群解释：

外国美术有一点很特别的，讲究光线，太阳光线的明暗；中国的美术没有这个光的问题，年画也好，传统的国画、人物画都不讲究明暗的，这是很重要的地方。所以中国老百姓不欣赏有明暗的人物的面孔，从那个时候起，我们表现人物不再有阴阳脸了，都是像中国年画一样，因此有了我们自己的风格，有了中国作风、中国气派，这是艺术上很重要的。[1]

鲜明的时代色彩、强烈的战斗气氛、浓郁的生活气息和民族风格，木刻版画与当时的文艺发展方向产生了高度契合。以古元、彦涵、胡一川、力群等鲁艺木刻家们为代表的"延安学派"，在20世纪40年代，达到了一个巅峰，拿古元夫人蒋玉衡的话总结就是一种"新的氛围"，"反映解放区生活的一种新气氛，就是解放区农民、解放区的生活，完全是反映生活的，不脱离生活，延安的艺术充分反映了在共产党所领导的解放区，革命的摇篮延安，像这样的艺术的风貌就不像以前那样了"。[2]

鲁艺师生们创作的优秀木刻作品，反映了建设新生活的工人、农民、士兵的形象。他们恢复了中国古典版画固有的明朗、简洁的造型和色彩，使民间形式的版画取得广泛的传播。

在知识分子的任用上，中共中央提出以专业知识为基础，根据他们的专业知识和特长来安排他们的工作，真正实现学以致用。例如学经济、管理的人才，负责边区工程的管理工作，学医的就安排到医院工作，在安排工作的时候并不以他们的政治认识水平

---

[1] 中央电视台等：《大鲁艺》，中国民主法制出版社2014年版。

[2] 中央电视台等：《大鲁艺》，中国民主法制出版社2014年版。

为标准，即便是来自不同的党派也给予他们足够的信任。对于无党派人士，我党开展各种形式的思想政治学习和生活，他们可以自由选择是否参加，充分尊重他们的个人意见和决定。

"到陕北，去延安"，国际国内人士纷纷踏上征程，去往"红星照耀"的地方。他们中的一部分人，甚至留在延安，支援延安建设。

刘歌回忆说：

有一个金发碧眼的苏联人叫阿洛夫，我小的时候很怕他，因为怕他给我打针，所以一见到他我就要哭。但是我妈妈（伊力）说："你出生的时候就是阿洛夫接生的。"

来自苏联的阿洛夫，是延安中央医院的外科主任。在延安和抗日战争的前线、后方，活跃着许多爱好和平、支持正义的国际友人的身影。

何理良回忆说：

由宋庆龄介绍，从延安出发的到前线去的医生们有不少，柯棣华、巴苏华、白求恩还有汉斯·米勒大夫，都是到前线去。这些国际友人，不顾自己的生命危险，在第一线上救助我们的伤病员，同时也给老百姓看病。

白求恩就是一位为了中国抗日战争献出生命的国际共产主义战士。毛泽东对这位技术精益求精、毫无自私自利之心的医生称赞有加："一个人能力有大小，但只要有这点精神，就是一个高尚的人，一个纯粹的人，一个有道德的人，一个脱离了低级趣味的人，一个有益于人民的人。"①

正像《解放日报》社论"欢迎科学艺术人才"中所指出的：只有在抗日民主根据地的边区，特别是延安，他们才瞧见了他们的心灵自由大胆活动的最有利的场所……在延安，不拘一切客观

① 参见《毛泽东选集》第二卷，人民出版社 1991 年版。

条件的困难与限制，各种文化活动在蓬蓬勃勃地发展。科学和艺术受到了应有的尊重。在抗日的共同原则下，思想的创作的自由获得了充分保障。艺术的想象与科学的设计都在这里发现了一个可在其中任意驰骋的世界。

对于五湖四海的知识分子，延安的课桌远不止校园，它还有更广泛的来源——群众。

毛泽东指出，"群众有伟大的创造力"，"群众是真正的英雄，而我们自己则往往是幼稚可笑的，不了解这一点，就不能得到起码的知识"。

"我们共产党人区别于其他任何政党的又一个显著的标志，就是和最广大的人民群众取得最密切的联系。"

在抗大总校政治教员叶尚志的印象里，毛泽东时常教育大家要做群众的学生：只有当群众才能领导群众，要作为群众里面的一员，要做群众的先生必须做群众的学生。他（指毛泽东）说你们到前方去就必须教育群众，做群众工作，要发动群众，没有群众就不可能开展游击战争，没有游击战争就没有运动战，就不会发展成为阵地战，就打不败日本鬼子。那个时候抗战才刚刚一年，可是我们陕西的根据地发展很大了，为什么？那就是因为依靠群众。他就讲这个道理。我们还专门搞了晋察冀边区发展的历史、斗争的经验、发动群众的经验。

在这些实践工作中，知识分子得到了锻炼，知识转化为实际工作能力，有力地支持了延安时期革命和建设。

毛泽东反复强调，"正确的政治路线确定之后，干部就是决定的因素"，而各级党委及其主要领导者的最重要的职责就是"出主意、用干部"，讲的也是"用人之道"。陈云在出任组织部部长期间，将党的干部政策概括为"了解人、气量大、用得好、爱护人"，强调党的干部工作要抓好挑选、提拔、使用和教育培养四个重要环节，挑选干部要坚持四条标准：忠实于党、联系群众、独立负责、遵守纪律，提拔干部要坚持"德才并重、以德为主"的原则。

　　时隔多年之后，习近平总书记总结党的历史经验，强调人才工作对于执政至关重要，"尚贤者，政之本也；为政之要，莫先于用人"。对人才要有全面客观的认识，"骏马能历险，犁田不如牛""天地无全功，圣人无全能，万物无全用"。识别、选拔人才的标准：以德为主，"才者，德之资也；德者，才之帅也"；有基层实践经验，"宰相必起于州部，猛将必发于卒伍"。延安时期积累的大量招徕人才、知人善用的理论与实践，依然有着它永不褪色的时代价值。

| 第四章 |

群众路线：

生命线和根本工作路线

埃德加·斯诺初到陕北保安，就对毛泽东留下了这样的印象："傍晚的时候，毛泽东光着头在街上走，一边和两个年轻的农民谈着话，一边认真地在做手势。我起先认不出是他，后来等到别人指出才知道。南京虽然悬赏二十五万元要他的首级，可是他却毫不介意地和路旁的行人一起在走。"斯诺不知道的是，毛泽东曾这样对警卫员说，"人民群众是我们真正的铜墙铁壁"，如果有坏人来，不用我们动手，乡亲们就把坏人抓起来了。

同斯诺一样，美国女记者斯特朗在延安采访毛泽东时，也对共产党人与群众的关系留下了深刻印象。因为他们谈话开始后，斯特朗发现附近20多米的草丛中有响动，吃惊地问："那儿有谁？"毛泽东笑着回答："是另外一家老百姓家的孩子"，"他大概是对我的外国客人产生了好奇心。"斯特朗后来回忆说："我很少见过这样能和周围环境打成一片的人。"

《纽约时报》《时代》周刊记者爱泼斯坦在当时的笔记中也写道："我个人感觉，在延安，毛是可以接近的，并且是很简朴的。他会在遍地黄土的大街上散步，跟老百姓交谈，他不带警卫员。当和包括我们在内一群人拍照时，他不站在中间，也没有人引他站在中间，他站在任何地方，有时站在边上，有时在别人身后。"

共产党的政治理想要想在中国生根，就需要从人民群众中汲取力量。要从人民群众中汲取力量，仅靠现实需求与政治理想的共鸣还远远不够，还要有"全心全意为人民服务"的理念，并采取各种行之有效的措施，给人民群众以最现实、最关心、最直接的利益。

1938年，毛泽东在中共六届六中全会上指出：共产党员在民众运动中，应该是民众的朋友，而不是民众的上司，是诲人不倦的教师，而不是官僚主义的政客。共产党员无论何时何地都不应把个人利益放在第一位，而应以个人利益服从于民族的和人民群众的利益。

在保安的窑洞里，斯诺与毛泽东有过多次彻夜长谈。根据《西行漫记》记述，斯诺从近 100 个问题中选了十多个递给毛泽东。斯诺最想知道，面对艰难的抗日战争和艰苦的现实条件，中国共产党人依靠什么力量相信自己的目标，并为之奋斗。

毛泽东告诉斯诺：谁赢得农民，谁就能赢得中国。

"人民群众是我们真正的铜墙铁壁"

1936 年 12 月 18 日，也就是西安事变后的第六天，陕北红军从东北军那里接管了延安城防。1937 年 1 月 13 日，中共中央机关从北门入城，进驻延安。不久，陕西省政府秘书长杜斌丞的秘书田益民来延安办理公务，前往凤凰山毛泽东的窑洞拜访。

毛泽东平易近人，说话幽默，让 23 岁的田益民放下了拘谨。谈话结束时，他提出要为毛泽东拍照，毛泽东当即答应了。他们走到窑洞前的院中，准备拍照时，发现有只小鸡。田益民想将它赶走，毛泽东却说留着小鸡在身后，更有生活气息。于是，就有了背景有小鸡的一张照片。

而今，不少人使用这张照片，曾刻意将那只小鸡抹去。或许他们并不知道，这只小鸡是经过毛泽东的同意，留在照片中的。毛泽东之所以这样做，原因就是他自己说的，"更有生活气息"。中国共产党人无论在哪里，都不是高高在上，而是生活在人民群众之中，相信群众、依靠群众。

保安，也就是今天的志丹县，是刘志丹的故乡，地域沟岭纵横，交通不发达，经济条件差。西安事变后，中共中央与张学良达成协议，张学良同意中共中央移驻延安。1936 年 12 月 18 日，由江华率领的红军先遣部队陕北红一团接管了延安城防。1937 年

1月，毛泽东率领中共中央正式进驻延安。与保安相比，延安交通发达，背靠内蒙古，东临山西西部，西连宁夏和甘肃，自古以来就是陕北屏蔽关中、防御北方游牧民族侵扰的军事重镇，也是国民党政府控制较弱的地方。自中共中央进驻后，延安成为中国人民争取抗战胜利和解放全中国的大本营。

面对如何赢得边区人民最大拥护的问题，毛泽东和共产党人给出了坚定的答案——土地。

毛泽东深知农民的迫切需要，也深信农民在革命中的地位。1925年的《中国社会各阶级的分析》，1927年的《湖南农民运动考察报告》，他都在探索，如何改变农民的命运，使之成为革命力量。如果说边区政府是一株植物，那么边区的人民就是植物需要的水和土。如果边区的政策不好，得不到人民的认可，将会诱发水土流失等问题。《陕甘宁边区土地条例》一经颁布，立时受到农民的热烈拥戴，还吸引周边许多农民蜂拥而至，引发了最早的移民潮。如何真实了解人民群众最现实、最关心、最直接的利益？毛泽东提出："在我党的一切实际工作中，凡属正确的领导，必须是从群众中来，到群众中去。"

1937年11月27日，毛泽东在给表兄文运昌的信中写道："惟我们这里仅有衣穿饭吃。上自总司令下至伙夫，待遇相同，因为我们的党专为国家民族劳苦民众做事，牺牲个人私利，故人人平等，并无薪水。"

毛泽东在延安文艺座谈会上指出："你要群众了解你，你要和群众打成一片，就得下决心，经过长期的甚至是痛苦的磨炼。在这里，我可以说一说我自己感情变化的经验。我是个学生出身的人，在学校养成了一种学生习惯，在一大群肩不能挑手不能提的学生面前做一点劳动的事，比如自己挑行李吧，也觉得不像样子。那时，我觉得世界上干净的人只有知识分子，工人农民总是比较脏的……革命了，同工人农民和革命军的战士在一起了，我逐渐熟悉他们，他们也逐渐熟悉了我。这时，只是在这时，我才根本地改变了资产阶级学校所教给我的那种资产阶级的和小资产阶级的感情。这时，拿未曾改造的知识分子和工人农民比较，就觉得知识分子不干净了，最干净的还是工人农民，尽管他们手是黑的，脚上有牛屎，还是比资产阶级和小资产阶级知识分子都干净。这就叫作感情起了变化，由一个阶级变到另一个阶级。"

毛泽东发现了情感的巨大作用，继而又发现了情感与思想的亲密关系。在一般情况下，情感是个独立的词组，但在特殊的语境里，情感就是思想。这就是毛泽东发现的秘密。

这也是中国共产党人何以与人民群众血肉相连、情同骨肉的秘密所在。毛泽东给表兄文运昌信中所说的"人人平等"，实际上是指思想感情经过变化了的政府官员与普通老百姓之间的平等。天地不仁，人何不情？经过思想情感激荡变化的毛泽东，深知情感教育的重要性。毛泽东变了，其他人也要变，尤其是执政的共产党人更要变。若要夺取全国胜利，建设真正意义上的人民政权，必须要保持一支永远与人民群众心连心、同呼吸、共命运、保持血肉联系的干部队伍，特别是党的高级干部队伍。

专门做群众工作的叶尚志深有感触：

我们在洛川，经常跟群众在一起联欢，我们开联欢会一定要请群众参加。我们每一个连队有委员会，膳食委员会、文化娱乐委员会、群众工作委员会和宣传委员会。我当过宣传委员会的主任，专门做群众工作，跟（向）群众要求有问题要反映上来，丝毫不违反群众利益。"三大纪律""八项注意"要检查，我们借他们（群众）的门板要马上还，要把它安好，临走的时候要把水挑满，挑满他们（群众）的缸。

与人民群众"心连心"，必须建立在充分的调查研究基础之上，这也是毛泽东一直推崇的一种工作方法。

1941年7月，中共中央发出《关于设立调查研究局的通知》，指出要在中央设立调查研究局，毛泽东任主任，任弼时为副主任。8月，中共中央发布了由毛泽东起草的《关于调查研究的决定》。同日，党中央颁布《中共中央关于实施调查研究的决定》。从中央到地方普遍设置调查研究机关，调查研究之风在党内沛然兴起。

1941年9月至11月，西北局宣传部部长李卓然带着西北局宣传部干事秦川、柯华等人到陕西宜川县的固临镇遍访贫农、中农、富农、村干部、小学教员、老秀才、"二流子"等。李卓然带领调查组搞了近10万字的调查实录和初步分析，实事求是地反映了边区的情况。1941年，《固临调查》报告显示：固临地区1937年到1941年，脱产人员从14000人上升到73000人，

中共中央在延安：一个马克思主义政党的崛起

林伯渠（1886—1960）

原名林祖涵，号伯渠，湖南省安福（今临澧县）人，中国共产党重要领导人之一，与董必武、徐特立、谢觉哉、吴玉章并称为『延安五老』。早年加入同盟会，1921年加入中国共产党。参加过南昌起义、长征等革命活动。中央红军到达陕北后，林伯渠先后担任中央政府财政部部长、陕甘宁边区政府主席。在艰苦的条件下，他带领边区军民，积极贯彻中央十大政策，建立『三三制』政权，实行精兵简政，开展大生产运动，进行经济文化建设，为将边区建设成模范抗日根据地作出了突出贡献。

张闻天（1900—1976）

原名应皋，字闻天，江苏省南汇县（今属上海市）人。中国共产党早期重要领导人。1919年参加『五四』运动，1925年加入中国共产党，后参加长征并出席遵义会议，对确立毛泽东的领导地位起到了重要作用。遵义会议后，张闻天曾做过党的总负责人，但他喜好理论研究和宣传，认为自己不适合领袖职位。1938年六届六中全会后，张闻天主动让贤，将工作逐步交给毛泽东，之后主要从事党的宣传教育方面的工作。长期兼任党中央宣传部部长、西北工作委员会主任，《解放》周刊主要负责人等职，1942年曾到陕北和晋西北农村进行一年多的农村调查。

征公粮从 14000 石到 200000 石，群众人均负担从 1 升到了 15 升之多。

《固临调查》引起了毛泽东的注意，为以后的大生产运动埋下了伏笔。

这一时期，中央和陕甘宁边区的领导参与调查研究工作的还有：1940 年 9 月，朱德亲自去南泥湾察看，提出在南泥湾实行屯田政策，并提议由王震旅长率领三五九旅屯垦南泥湾；同年 12 月，陕甘宁边区政府主席林伯渠率领一支 20 多人的考察团，赴甘泉、富县进行调查研究；与此同时，高岗也率领一个农村考察团赴绥德、米脂进行调查，考察团的同志根据考察的材料写出《绥德、米脂土地问题初步研究》一书；1942 年 1 月，张闻天率领一个农村调查团，从延安出发到陕甘宁边区的神府、绥德、米脂，晋西北的兴县做了 15 个月的实地调查，查阅了大量文字材料，

奔赴延安

中共七大代表奔赴延安，历经艰辛。据《中共七大纪实》记载，一位叫王维的中共七大广东代表，为躲避日军"扫荡"，突破日军封锁，从广东梅县出发，历时一年零一个月才到达延安。距离陕北根据地较近的晋察冀代表，为躲开与敌人的遭遇，只能选择走山路和小路，行路异常困难。尽管路途艰难，在中央红军的保护下，中共七大代表们最终陆续到达延安。

写出了调查报告《出发归来记》。

正如毛泽东在《关于农村调查》中总结的：中国革命也需要调查研究工作，首先就要了解中国是个什么东西（中国的过去、现在及将来）。可惜很多同志常是主观主义，自以为是，完全不重视调查研究工作……我们的调查，也是长期的。今天需要我们调查，将来我们的儿子、孙子，也要做调查，然后，才能不断地认识新的事物，获得新的知识。

调查研究，成为马克思列宁主义与中国国情结合的桥梁，也是中国共产党走群众路线的必要前提。党的六大召开17年之后，历经周折，1945年4月23日至6月11日，党的七大在延安杨家岭中央大礼堂隆重举行。这些来自各个根据地的中共七大代表历经艰难险阻，有人甚至要费时1年，辗转万里，才能来到延安。毛主席称之为"小长征"。

1945年4月24日，毛泽东在会上做了《论联合政府》的政治报告。毛泽东指出，为了加强中国共产党对中国革命的领导，全党要发扬理论和实践相结合的作风，与人民群众紧密联系在一起的作风以及批评与自我批评的作风。

党的七大强调，"在一切工作中要采取群众路线"，"只要我们依靠人民，坚决地相信人民群众的创造力是无穷无尽的，因而信任人民，和人民打成一片，那就任何困难都也能克服"。这

王枫（1927— ）

女，1922年出生，河北省新河县人。1939年年底被选为中共七大代表，是中共七大中年纪最小的代表。1940年下半年开始赶赴延安，路上突破敌人封锁，在1941年2月到达延安。到达延安后，因七大会议延期，进入马列学院学习。1942年年初，进入中共中央党校一部学习，参加了整风运动。1945年4月至6月，作为山东代表团成员出席党的七大。

是全党达成的共识，"全心全意为中国人民服务"写进了七大党章。

经过党的七大的洗礼，群众路线更加深入人心。中共七大代表王枫认为，七大是她人生的一个里程碑：七大是我能够参加革命这么长时间，进一步坚决斗争的基础。毛主席提倡实事求是，我们就理解了，群众路线必须依靠群众，发动群众，领导群众，解放全中国。绥德文工团成员闫晓明坚定信仰，"共产党是为人民的"。正如三五九旅大光纺织厂员工常春如的感叹，"永远跟着共产党走，不苦，值得"。跟着全心全意为人民服务的政党走，是快乐的、充实的，也是充满希望的。

不过，走群众路线、与群众打成一片，不是唯群众是从，更不是"群众要怎么办，就怎么办"。如果过于盲目，缺乏客观的判断与理性的决策，很容易滑进"左"倾的错误轨道。

1947年冬，陕甘宁边区开展土改运动，要求"废除封建性及半封建性剥削的土地制度，实行耕者有其田的制度"，并"没收地主牲畜、农具、房屋及其他财产"。

主持西北局工作的习仲勋，在当年11月1日举行的义合会议上，就发现了一些不正常的情绪，会议过分强调"削削削，削尽土豪劣绅；杀杀杀，杀尽贪官污吏"。习仲勋在后来的调查研究中发现，土地改革中一些"左"的做法正在蔓延：一些较富裕

117

的农民被当作土改对象，已经是农民的旧地主、富农被批斗；有些店铺被查封；有些贫农会规定，谁斗地主不积极，就用乱石将其打死；群众斗争会上出现专门捆、打、吊、拷的打手……

习仲勋忧心忡忡，在调查报告中写道：

土改一到农村，就发生极左的倾向，凡是动起来的地区，多去强调"贫雇农路线"，反对所谓"中农路线"，都是少数群众（不是真正的基本群众）起来乱斗、乱扣、乱打、乱没收财物、乱"扫地出门"。

随后，习仲勋先后于1948年1月4日、1月19日以及2月8日致函中共中央，指出土改中发生左倾错误，发生少数人起来乱斗、乱扣、乱打、乱拷、乱没收财产、乱扫地出门的极端混乱现象。习仲勋还向中央提出了自己的意见：

由于陕甘宁边区中农占有土地多，如果平分，必然会动摇农民对土地所有权的信心，挫伤他们的生产积极性，故不宜平分土地；老解放区不能搞贫农团领导一切，因为贫农团内有由于地坏、地远、人口多而致贫的，有因灾祸生活下降的，也有不务正业（吃喝嫖赌）而变坏变穷的。这种贫农团一旦组织起来，就必然在中农身上打主意，"左"的偏向也就由此而来；要把发扬民主与土改生产相结合，反对干部强迫命令作风；解决中农负担过重的问题。[①]

习仲勋的报告及意见得到中共中央的重视和采纳。1月20日，毛泽东决定将习仲勋的电报转发全国各解放区，并在转发电报上特别批示：

完全同意习仲勋同志这些意见，华北、华中各老解放区有同样情形者，务须密切注意改正"左"的错误。凡犯有"左"的错误的地方，只要领导机关处理得法，几个星期即可纠正过来，不

① 参见石杰等主编：《在西北局的日子里》，陕西师范大学出版社2013年版。

孔祥熙（1880—1967）

曾任南京国民政府行政院院长，兼财政部部长，长期主理国民政府财政。孔祥熙的妻子为宋霭龄，孔祥熙与宋子文、蒋介石为姻亲关系。

陈嘉庚（1874—1961）

著名爱国华侨领袖、企业家、教育家、慈善家、社会活动家，福建省同安县集美社人。17岁时渡洋前往新加坡谋生，经历家业衰败后进行艰苦创业成为百万富翁。1910年，在孙中山革命思想的启迪下开始支持民主革命和振兴中华的活动。1940年，他组织南洋华侨回国慰劳考察团访问重庆、延安等地。访问延安后，通过与国统区的对比，陈嘉庚观念发生很大变化，他称赞陕甘宁边区的新气象，认为『中国的希望在延安』。新中国成立后，应毛主席邀请，他回国历任中央人民政府委员、全国政协副主席等职。

洪戈（1921— ）

河北人，出生于1921年。1938年到延安，曾任晋察冀边区军工厂厂长。1949年，同无产阶级杰出革命家蔡和森、向警予的女儿蔡妮结为伉俪。1951年赴苏联红色乌拉尔矿实习，1953年回国。历任东北工业部有色金属工业管理局处长、北京有色冶金设计院副院长等职。

要拖延很久才去纠正。同时注意，不要使下面因为纠正"左"而误解为不要动。①

在中共中央及习仲勋的正确领导下，边区各地蔓延的"左"倾偏向被纠正，一场土地改革的群众运动走向正确的轨道。

延安的群众路线正如火如荼，而重庆则在脱离百姓的泥沼中越陷越深。白修德曾与孔祥熙有过一次激烈的争论。他向孔祥熙质疑，国统区几年间物价上涨了100多倍，这是通货膨胀，而孔祥熙则暴跳如雷：通货膨胀？什么通货膨胀！你们美国记者就喜欢说通货膨胀，中国根本没有通货膨胀！有人愿意花两万块钱去买一支钢笔，那是他们自己的事，不是通货膨胀。就这么回事，他们根本就不该去买嘛。

---

① 参见石杰等主编：《在西北局的日子里》，陕西师范大学出版社2013年版。

1940 年 5 月，南洋华侨陈嘉庚率团来到延安。在延安的见闻，让他彻底改变了原来的看法……

陕北公学学员洪戈回忆起当时的情景：毛主席那时候就宴请他一次，宴请用什么东西呢？就自己种的豆角、自己种的西红柿，还有老乡前天送他的一只鸡，炖的鸡，就这么一些东西，招待客人，招待陈嘉庚。对比之下，陈嘉庚就说，蒋介石来的时候招待他，用了 800 银圆。

感受到边区人民的朴实、勤劳，目睹了共产党人的朴素、勤政，从重庆来到延安的陈嘉庚，对中国的政治得出了新的结论：国民党蒋政府必败，延安共产党必胜。

共产党逐渐在陕北站住脚。人民给军队送粮、送鞋……无私支援抗日战争。

一旦发生战争，边区群众有两大任务：准备粮食和抬伤员。

张光回忆道：群众的热情很高，我们到农村、到乡镇上一起去动员大家都要给部队送粮，群众热情很高，常常就是我们头天布置，第二天就该交什么就交什么，这说明群众的觉悟很高。群众很分散，都是自动组织去的。

群众积极给军队送粮、送衣物。陕北就是高粱小米，老百姓经常送粮，今天在那里打仗，附近村子的老百姓就把粮背上，给送到战场上。（柳卫和）

为了筹粮，老百姓不惜卖掉家里的门、柜子买粮送给士兵，支援战争。（燕如汉）

定边县宁赛川送粮约 4 万斤，乱石头区送粮 3 万多斤，赤安县六区 3 个乡送粮 2.8 万斤、猪 50 多头、羊 270 多只，保安县游击队送羊 300 多只，定边县苏维埃政府送上布 3 大卷、红洋布和黑布 3 匹，苏区政府送几千斤羊毛，组织上百名毡匠赶制了一大批毡衣。截至 1936 年 3 月，陕北群众做军鞋 8486 双，袜子 533 双。延川县 4 天内赶制军服 3000 套。

张光

陕西省临潼人，原陕西省记协主席，陕西日报社总编辑。1943年到延安，1946年到延安大学新闻系学习，1947年到新华社西北分社和边区群众报社从事新闻工作。在57年的新闻生涯中，他始终坚持用延安精神激励和鞭策自己。

部队驻扎下来，群众会把自己家里的灶让出来让战士先做饭。（张光）

老百姓不仅是军队最有力的后方支援，有的还直接上前线，参与伤员抢救。

宋英奇回忆道：那时候陕北群众很困难，节衣缩食把粮食送到部队。另外还组成担架队在战场上抢救伤员，他们基本上都是和部队在一块儿。打起仗来，就在部队后面，有了伤员以后，赶紧抢救，送到卫生所，包扎以后再转运到后面。所以，有好几万人的担架队跟着部队打仗，一直是部队走到哪里，担架队跟到哪里，我们师担架队一直跟着我们到了嘉峪关，后来我们准备到新疆，他们才从嘉峪关返回去。在临别欢送会上我们的老战士和老担架队员都熟了，相拥而哭，舍不得离开。

拿老百姓的话说就是：只要政府一声号令，就是自己不吃，粮食都要支援部队。因为部队在前方要打仗呢，我们在后方饿点儿肚子有什么关系呢，部队在前方流血牺牲，为咱们打仗，所以那会儿群众一提起交公粮都没问题，积极往上交。（闫晓明）

在战争中，百姓是战士的好帮手。

宋英奇回忆道：在陕北作战，老百姓封锁消息来掩护军队。比如说我们打青化砭战役的时候，我们在这个地方埋伏了两天，（敌军）原来准备第一天来，结果第一天没有来，接着又埋伏到

索心忠（1921—　）

1921 年 6 月出生，祖籍四川省广元县。1933 年 6 月，刚满 12 岁的他自愿参加红军（红四方面军三十一军九十三师），任司号员和勤务员。1935 年至 1936 年随部队过草地，任勤务员和饲养员。南京解放时参与接管工作，任大华电影院总务股长，其后历任南京市电影剧场公司电影科科长、经理等职，1983 年离休。

第二天，后来敌人才过来。敌人就在延安东边，离这个青化砭镇本来很近，但是他们根本得不到消息。群众封锁了消息，掩护军队，这是非常明显的。

山丹丹（那个）开花（哟）背洼洼红

我的哥哥当了红军

一杆杆的红旗呼啦啦地飘

当红军的（那）哥哥（呀）回来了

你当你的（那）红军（哟）我劳动

咱二人一心闹革命

……　……

"送哥哥"参军的信天游调时常在陕北的黄土高坡回荡。红军抵达吴起镇时只有几千人，到 1947 年中国革命即将胜利时发展到大约 150 万人，其中延安及陕甘宁边区参军人数达到 25 万人。在陕北，几乎每户人家都有人参军，大约有一半的人再也没有回到家乡。

无数个"百姓对我们好着呢"的故事，在那段艰苦且激荡的岁月中发生：

人民在各方面帮助我们。在作战的时候，他们常常把小股敌军缴了械，切断他们的电话电报线，把"白军"调动的消息告诉我们。但是他们从来不会切断我们的电话线，而是帮我们拉电话

何炳文（1918—1968）

1918年出生，陕西省西安市长安县人。1936年西安事变后到达延安，在红军总部交际处工作。1937年在送周恩来等同志赴西安谈判途中，遭遇土匪伏击而受伤截去左腿。1944年1月，调任陕甘宁边区荣誉军人学校生产科、总务科科长。在延安大生产运动中，曾当选陕甘宁边区生产劳动模范和学习模范。1947年3月，带领延安保育院部分人员和荣校部分人员，由延安向晋察冀边区转移，突破敌军重重封锁后，胜利完成任务。

线。有一次我们在（陕西北部）安定的一个村子里，我们只有十多个人和十多支枪。农民给我们做豆腐吃，给了我们一头羊。我们大吃了一顿就睡了，只留一个人站岗，结果他也睡着了。在半夜里，有一个农村孩子跑来把我们叫醒。这个孩子从山上跑了10里路来告诉我们，民团打算包围我们。一个小时后民团果然来进攻了，但我们已有准备，把他们打退了。我们从阿乌宝出发回延安，会经过边区。我们南通市或者国统区的（女性）还有小脚，到延安要1000里路途，从重庆四川来的女地下党同志，走路就相当困难。怎么办呢？要老百姓帮助，（需要）老百姓耕田或者推磨的毛驴。毛驴都是我们路过的时候从推的磨上卸下来的，或者从耕田里卸下来的。让她骑上，一站一站送到延安。我到延安附近清涧县一个战士的家，他家长把我当作大的儿子，家里没有什么好吃的，冬天藏下来的陕北黄梨当时是很宝贵的。（他们）拿出来给我吃，我当时眼泪都流出来了。（韩志青）

有一个战士大概擦枪的时候走了火，把一个老百姓的小孩给打了，打了以后我们部队开公审大会，公审大会（认为）把老百姓小孩打了要枪毙。结果那个老百姓全家都来求情，说留下他（战士）打老蒋，说不要把他枪毙了。（索心忠）

青阳缺水，那儿的地下水和河流都是枯的。老百姓吃水是靠储存起来的雨水。你想咱们的部队一过去就把这个水都吃完了，有一

马鸿逵（1892—1970）

国民党军西北军高级将领。先依附冯玉祥，后投靠蒋介石，任宁夏省主席长达17年，集军政大权于一身，被人称为宁夏的「土皇帝」。与马鸿宾、马步芳、马步青一起，被称为「西北四马」。为配合蒋介石推行的「攘外必先安内」反动政策，马鸿逵率部队进攻陕甘苏区，1936年，被彭德怀率领的西征野战军击退。

个伤员渴得简直要命，但是没有水喝。有一个为孩子哺乳的妇女，就给他挤奶让他喝。（张光）

1941年，负责安置伤残军人的延安荣誉军人学校，迁移到甘泉县的下寺湾。边区拮据的经济，经常导致经费无法及时到位。没有钱，那就赊着账，我听我爸爸（何炳文）讲还打过条条。但是老百姓所承担的是人命，就是你生命的保障，要保障你的安全。你要融到这个老乡家里去，国民党来了，你得能说出来他是谁，他是你们家的什么人，那腿怎么伤的，好多老百姓就因为说不出，而被国民党杀害了。（何丽）

下寺湾的百姓用鲜血和生命，保护了这些与他们毫无血缘关系的伤残军人。何炳文之女何丽认为，这才是深厚的鱼水之情：这是拿命换命吗？我说不是，我说是老百姓拿他们的血和命养育了咱们。虽然他们牺牲了，现在有的连尸骨都找不到，我回去还问，尸骨都找不到，姓名都没有，但是老百姓用他们的鲜血和生命所铸就的是什么？是军民之情！就这份非常浓的深厚的鱼水之情。

被固定在土地上的农民，不是生来就"沉默、胆小、懦弱"，听任权势者摆布的，他们有着自己朴素的信念与梦想，一直在黑暗中寻找光明。一旦出现组织者、号召者，他们会"揭竿而起"。他们对美好生活的憧憬，与共产党及他们的部队——红军所主张的"自由、民主和尊严"不谋而合。共产党和红军解放被压迫的穷人，没收官僚地主的财产分给穷人，并成功击退了"西北四马"之一的马鸿逵的围追堵截……这让百姓们对共产党和红军更为信任，认识到红军才是真正为穷人打仗的军队。

埃德加·斯诺曾经很认真地说，边区最显著的一种成就便是人民与战斗部队密切的联系。人民常常表示他们对于保卫者的感激，有儿子或女儿在前线的家庭往往会收到许多小礼物，这在乡村生活中是十分珍贵的。小脚和年轻的姑娘都组成编织队，拿编织物去慰劳前线的孩子。自然，这种士兵与人民合作的情形，在进步国家中也许不算稀奇，但在中国传统上却是新鲜的。

边区"军民鱼水"的融洽关系，成为很多战士毕生难忘的珍贵记忆。宋英奇感慨：当时我在新四旅，新四旅住在富村川，我们在那里生产训练，和老百姓的关系搞得非常好。老百姓帮助军队生产，军队帮助老百姓生产，军民关系确实和鱼水关系一样。解放战争开始以后，我们部队离开这里，后来到了新疆。1950 年冬天，富村川的党支部书记背着十几斤红枣来看我们，他握着我们师长陈越川的手感动地说，我可找到你们了，自从你们离开以后，听说你们在陕甘宁打了好多胜仗，后来听说你们到了新疆，乡亲们都非常想你们，让我来看望你们。

1944 年来到延安的 G. 斯坦因评价说，拥军爱民是（边区）最流行的一个口号，前一半是对人民说的，后一半是对军队说的。军队人民在一切任务上的实际合作是延安一般政策的基础。战争的伟力之最深厚的根源，存在于民众之中。毛泽东欣喜于军民关系的可喜变化，因此他挥笔写道："军民团结如一人，试看天下谁能敌！"

给群众看得见的物质利益

1945 年，全国抗日战争取得胜利。延安沸腾。此时的中国，又面临新与旧的命运抉择。1945 年 8 月 28 日，毛泽东远赴重庆，同蒋介石进行了一场关乎中国未来命运的谈判，延安群众关心着毛泽东的安危。

毛主席去重庆，这大家最担心了，说会不会把主席给害了，大家不愿意让主席去，大家最担心这个。（骆行）

毛主席临走时，在飞机场讲了话，表示他这次去和蒋介石谈判，争取和平统一合作，不要打仗。艰难的 43 天谈判之后，延安的民众终于在忐忑中等到了毛泽东平安归来的消息。毛泽东归来，得到百姓们的热烈欢迎。喊着说毛主席回来了，谈判回来了。（石益民）

土地改革

1934 年 11 月，参照中央苏区《中华苏维埃共和国土地法》的精神，陕甘宁边区工农苏维埃政府制定和实施一系列土地政策和法令。1935 年春天，陕甘宁边区工农苏维埃政府提出『打土豪，分田地』的口号，先后在延川、延长、子长、安塞、吴起等县开始土地改革运动。土地改革中，坚持党制定的『依靠贫农雇农，联合中农，限制富农，保护中小工商业，消灭地主阶级和封建半封建的土地所有制』土地革命路线。具体做法是：『苏维埃政府设立土改委员会，由县长任主任，县上组成工作组，分赴全县各乡进行土地改革。工作步骤是：一是宣传政策，发动群众，建立农民协会；二是查实土地面积，划分阶级成分；三是废除债务，烧毁地租文约，没收、征收地主、富农土地及生产资料；四是巩固和建立农村基层组织，选举乡政府。』

那小贩，卖梨的、卖枣的，把摊儿都扔到延河里了，因为你得蹚水过去，他就空手去迎接毛主席回来。（姜云川）

欢迎毛主席，也不知道累了，那时没汽车，也没电车，什么都没有，就是大山沟，都跑着去欢迎。（石益民）

然而，和平并没有像人们期待的那样迅速到来……

1946 年 6 月，国民党单方面撕毁《双十协定》，开始向解放区大举进攻。1947 年 3 月，胡宗南指挥 14 个旅 23 万大军在空军配合下，从洛川、宜川分两路直取延安。而陕甘宁边区仅有西北野战军一个旅和一个团共 2.6 万人驻守陕北。在敌我力量悬殊的形势下，毛泽东决定撤离延安转战陕北。

陕北再次成为国人瞩目的焦点。毛泽东与陕北生死相依，充满感情。同时，毛泽东也对陕北人民充满信心。这就是毛泽东不离开陕北的深层原因。边区老百姓与共产党、部队的关系越来越好，到 1947 年毛泽东和中共中央决定撤离延安时，军民关系已如鱼水关系，这也让延安人民和中共中央的老对头——胡宗南，真正见识到陷入人民战争的汪洋大海是多么可怕。

"鱼潜深水，大隐于民"，这就是中国共产党人始终"站在最大多数劳动人民的一面"所创造的现代神话。在那个战争年代，

"大隐隐于民"恰恰是我们漫长的历史中露出的希望端倪。只有获得他们的支持，一个政党以及军队和政府，才会真正拥有摧枯拉朽的力量，扭转国家大局。

毛泽东曾这样批评单纯地强调应施"仁政"的错误观点，写道："为了抗日和建国的需要，人民是应该负担的，人民很知道这种必要性。在公家极端困难时，要人民多负担一点，也是必要的，也得到人民的谅解。"所谓人民的负担，在当时包括交纳公粮、义务劳动等，这在现代社会，则就是被认作人生不可避免的两件大事之一——纳税。

不过，毛泽东笔锋又转，提醒人们，不能"不顾人民困难，只顾政府和军队的需要，竭泽而渔，诛求无已"。他说，"我们一方面取之于民，一方面就要使人民经济有所增长，有所补充"。这就是我们经常所说的"平等互惠"。

在农民占大多数的陕北，土地是边区人民安身立命的根本，几千年来它就有着"类货币"的价值特质，也使其成为财富的象征。中国历代王朝的兴衰，很大程度上都取决于土地这个关键角色。

毛泽东认为，要想赢得农民的支持，一条根本的法则就是还田于民，让农民成为土地的主人。陕北的农民，土地改革之前，深受土地兼并之苦，大多租种别人的土地：

以前的话就是有地的多种，没地的少种，再没地的你就是讨饭、要饭。（白生海）

年景不好，租种人家的地，把人家租子还够以后，自己就要饿肚子，就吃不上了。（闫晓明）

始于1934年11月的土地改革，使得陕甘宁边区大量农民"耕者有其田"。土地改革时期的政府，几乎是不收税的，主要财政收入来源于"没收"和"缴获"。财政人民委员林祖涵这样向斯诺解释其"政府不收税，工业收入微乎其微，钱从哪里来"的疑

停止没收土地

1926年7月，中国共产党提出「减租25%，借贷利率不超过2分」的政策。当年9月，在中国共产党的推动下，减租减息成为国民党和共产党一致的主张。1927年8月7日，中国共产党在八七会议上，确定土地革命的武装反抗国民党反动派的总方针，进入「没收地主土地，分配给无地和少地农民」的土地革命新时期。此时，中国共产党在国民党统治区，仍然实行减租减息和抗租抗息。1937年2月，中国共产党为了促成抗日民族统一战线的建立，在《中共中央致国民党三中全会电》中提出「在全国停止没收地主土地」的主张，并在陕甘宁边区停止没收地主土地的运动。1937年8月，中国共产党在洛川会议通过《抗日救国十大纲领》，决定以减租减息作为解决农民土地问题的基本政策。

惑：我们说我们对群众不收税，这话不错。但是我们对剥削阶级是狠狠地收税的，没收他们的剩余现款和物资。因此我们所有的税都是直接税。这与国民党的做法正好相反，他们到头来由工人和贫农负担大部分税款。我们这里只对百分之十人口征税，那就是地主和高利贷者。我们对少数大商人也征收很少的一部分税，但对小商人不征税。以后我们可能对农民征小额的累进税，但在目前，群众的税全部都取消了。另外一个收入来源是人民的自愿捐献。在战争还在进行的地方，革命爱国热情很高，人民认识到他们有可能丧失解放区，因此他们志愿大量捐献粮食、金钱、布匹给红军。我们也从国家贸易、从八路军的土地、从自己的工业、从合作社、从银行贷款得到一些收入。但是，我们最大的收入是没收。①

　　1937年7月，党的洛川会议决定，把减租减息作为党在抗战时期解决农民土地问题的基本政策。具体为：已经进行过土地改革的地区，确保农民的既得利益，禁止地主、富农反攻倒算；没有进行土地改革的地区，停止没收地主、富农的土地分配给贫雇农，以减租减息来解决地主阶级与农民的关系。延

---

① 参见［美］埃德加·斯诺：《西行漫记》，董乐山译，东方出版社2010年版。

救国公粮

救国公粮，是在抗战时期，在中国共产党领导的抗日根据地中，向农民征收的临时性农业税。在纳粮之初，没有明确的税率规定，也没有按照土地和人口数量摊派，而是在农民自己上报收获量的基础上，再按照一定的比例自动缴纳。

减租减息

1942年12月，陕甘宁边区政府颁布《陕甘宁边区土地租佃条例草案》。该草案对减租减息作出具体规定：减租率一般不得低于25%；减租后新议的地租不得高于当地减租后的租额；承租人应按减租后的标准按时交租；出租人不得任意收回租地。

《草案》还规定1943年在边区各地减租实施中，凡在边区各地有租佃关系者，都应依照这个条例所规定的减租额收租或交租，土地出租人不得多收或法外增租。

针对一些地主采取借故扯佃、诱骗威胁农民、造假账假约、明减暗不减等抵制减租的行为，边区政府一方面指示各地政府发动和组织农民群众，同地主进行清算退租；另一方面颁布减租保佃的法令，保障农民佃权，使减租减息政策得到了普遍的实施。

安除富县外，均已进行土地改革，故只在富县实行减租减息政策。政府开始征收农业税，当时称之为"救国公粮"。征收以后以地区为单位储于民间，军队打到哪里，吃到哪里。①

1940年12月，毛泽东在为中共中央写的《论政策》中指出："现在的政策，一方面，应该规定地主实行减租减息，方能发动基本农民群众的抗日积极性，但也不要减得太多。地租，一般以实行二五减租为原则……利息，不要减到超过社会经济借贷关系所许可的程度。另一方面，要规定农民交租交息，土地所有权和财产所有权仍属于地主。"

1942年开始实行累进税制。土地政策让农民得到切实的利益。耕者有其田，受苦人就分到土地了；（白云富）而减租，意味

---

① 参见陕甘宁边区财政经济史编写组、陕西省档案馆编：《抗日战争时期陕甘宁边区财政经济史料摘编》（第二编），陕西人民出版社1981年版。

累进税制

累进税，是指税率随着课税对象数额的增加，而逐级提高的税种。课税对象数额越大，税率就越高。这种计税方式与纳税人的负税能力成正比，较为公平。抗战时期，在陕甘宁边区政府，农业税实行累进税制。1943年9月，陕甘宁边区政府试行《陕甘宁边区统一累进税暂行办法》，规定累进税制先在部分地区试行。陕甘宁边区政府还颁布《陕甘宁边区农业统一累进税试行条例》，制定并实行将农业收益与土地财产二税合二为一的正规农业税制。其中规定：依据各地区不同的经济情况及人民生活程度，规定不同的征点与起征率，以公斗为计税单位，按每人之平均粮计算，按户征收，累进率分5级跃进，累进最高率为35%，使各地区负担平衡与负担面达于一定水平。总体原则为：对地主、富农以及粮多钱多的人，按照高税率征税；对低收入的贫苦农民，按照低税率征税；对无力负担的贫苦农民，免征农业税。

着租种地主土地，你可以少出些租子；贷地主的款，你可以少交些利息。（张福昌）

白生海发现，"婆姨娃娃热炕头"已不是奢望：边区政府成立以后，经过土地改革以后就不一样了，没田的分田，没牛的分牛，把富农地主斗平，共产共产，共有的东西分给穷人。"三十亩田地一头牛，婆姨娃娃热炕头"，这就是边区的口号，有了这些东西就能搞生产。

产粮食，生活就好了。边区的政策吸引周边许多农民蜂拥而至。斯诺在《大河彼岸》中描述过这样一幅情景，一位农民离开自己的家乡来到边区，"因为，那里有另外一个世界"。

新中国成立后，斯诺重返延安时，在延安县柳林公社采访李裕华老汉，谈话中得知，李裕华当年就是"移民"到延安的一个。红军进驻了延安后，老李偷偷渡过封锁线，越过群山到延安观察情况。他这样叙述当年之情景：

这里的一切就像宏山初获解放那时一样。我跑回去告诉我的邻居，两日后，另外7户人家便准备出发了。当时我已有4个孩子，我们什么东西也没有留下。我把家里的东西全部收拾妥当——只

杰克·贝尔登（1910—1989）

第二次世界大战期间美国知名战地记者。1933年和1946年，曾两次来到中国，对中国抗日战争和解放战争有着深入全面的报道。

1949年，其代表作《中国震撼世界》问世。在书中，他秉承客观中立的立场，对国民党在大陆的统治进行了批判和揭露，对中国共产党及其领导的军队给予了正面评价。

用一个轻便的包袱便已全部装下。8户人家摸黑出发，于两日后便安然抵达延安……

1942年，这里进行了第二次分田地大会，我们也得到了土地——4亩（每人），我们8户人家留在一块儿，并于1943年组成了合作社。[①]

人们移民到边区的原因多种多样。有些是由于家乡被国民党占据，躲兵呢。跑到共产党这里，国民党就不拔兵了，你敢来这儿（延安）拔兵？有些是逃荒，河南遭灾了，国民党还要公粮、要东西。（鲁加选）

边区致力于减租减税，国民党统治区的农民却一直饱受贫困、饥饿与灾荒的折磨。曾在国民党统治区采访过的杰克·贝尔登在《中国震撼世界》一书中写道：每天走在路上，但见原野空旷，土地荒芜，十室九空，残破不堪，十分凄凉。当时许多地方的旱情并不很严重，所以我很奇怪，为什么土地会如此荒废。农民告诉我，他们背井离乡去逃荒，是因为国民党税吏、蒋军征粮官横征暴敛，田赋超过了实际的产量，既然全部劳动果实都要被抢走，交不出捐税还要挨打坐牢，谁还种地呢？农民在官府衙门外的田野里掘野菜草根果腹，而我却在一个又一

① 参见［美］埃德加·斯诺：《大河彼岸》，新民译，新华出版社1984年版。

个国民党将领的宴席上享受着山珍海味，不禁感到十分羞愧。

杰克·贝尔登得出结论："蒋管区的人民并不是因为老天爷不下雨而死的，他们是被捐税逼死的。"杰克·贝尔登发现，陕甘宁边区的农民只向政府交纳收成的 8%~15%，而国统区的田赋高达 50%~90%，此外还有五花八门的苛捐杂税。

为了吸引和安置移民，陕甘宁边区政府制定了各种优惠政策。1942 年 2 月以后，明确划定移民开垦区，设立移民站，负责接待安置移民。

来边区的移民，没有户口限制，给地，给粮食。

移民在 3 年以内种地不征粮，不用出任何粮和税……只要你来了，准备住三年两年。你今年在这儿种地，公家就给把牛买下、农具置下，把你就安置在这儿了。（鲁加选）

所谓"公家买牛"，通常指的是，"移民安家以后，如缺乏耕牛，应帮助向银行取得耕牛贷款"。①

农业贷款属陕甘宁边区自创，仅 1943 年，陕甘宁边区政府就发放农业贷款 3700 万元，1944 年则增加到 1 亿元。为农民带来及时雨的银行，成为百姓眼中的"青天"。志丹县的农贷工作

---

① 参见陕西省档案馆、陕西省社会科学院合编：《陕甘宁边区政府文件选编》（第五辑），档案出版社 1988 年版。

陕甘宁边区农业贷款

为优待移民，鼓励其开荒，解决发展生产中的资金难题，1941年12月15日召开陕甘宁边区政府政务会，会议讨论通过设立农业贷款事宜，成立以李鼎铭等人为主要成员的陕甘宁边区农贷委员会，负责农业贷款发放的研究和指导工作。农业贷款有四类：农业生产贷款、农业供销贷款、农业副业生产贷款和农田水利贷款。其中，以农业生产贷款为主。

报告称：我们在贷款过程中，从群众中得来的反映不少，他们真的认识了公家是帮助他们的，解决了群众在青黄不接时的困难……同时抵制了商人和高利贷的剥削。[①]

1943年，边区政府又修订颁布"19条优待移民难民垦荒条例"，详细规定在生活、生产以及政治、文化、卫生等方面的优待政策，其中的规定让移民感到温情，如：3年免纳地租……如因种菜或种料，需少许熟地，得呈请区乡政府视可能情况，酌予调剂。移难民无力自行打窑洞，或在未打好窑洞之前，得由县政府就当地公私窑洞或房屋予以调剂暂住……对于运输公盐、运输公粮、修公路等义务劳动，第一年全免……[②]

关中分区难民劳动英雄胡文贵和妻子于1942年11月底从湖北来到淳耀县。由于刚到冬天，胡文贵上山打柴、烧木炭，妻子则在家做草鞋维持生计。春天，在政府的鼓励和帮助下，他们开荒47亩地，当年收获苞谷10石、糜谷7石、豆子麻子1石多、洋芋3000多斤、蔬菜800多斤，还与邻居合伙喂了一头猪，年底分了三四十斤猪肉，家里也换了新模样，有了新被子，夫妇穿

---

① 参见朱鸿召：《延安曾经是天堂》，陕西人民出版社2012年版。

② 参见阎庆生：《抗战时期陕甘宁边区对可耕地的开发和利用》，载《甘肃社会科学》1999年第1期。

上了新衣服。①

到边区讨活路的移民，不到一两年的时间，就一改出来时贫困交加的凄惨局面，最差的能饱食暖衣，大部分能温饱有余甚至成为富农。

当时的移民热潮有歌为证：

佳县移民走延安，一心那要开南老山。不到两年你们看，都又能变成米粮川。

当人与土地可以真正结合在一起的时候，农民们自然将其视为自己的圣地。"有人此有土，有土此有财"，《大学》中对土地的论断，充满了现实与理性的智慧。

只有人与土地可以真正结合在一起，农民才能真正体验到当家作主的滋味。这时候，他们会感受到真正的温暖。我们钩沉这段逸闻，说明当年延安吸引的不仅仅是读书人、文艺家、革命者，还有种田人。

共产党的土地政策，让蒋介石感受到了压力。他甚至想拿出"要比共产党处理土地的情形更好的成绩出来"。当然，他没能得到他想要的"成绩"。

1946 年 11 月 18 日，蒋介石在"绥靖区"政务会议上强调说：目前绥靖区的工作，我认为紧要的还是土地问题。外国人士惑于共产党土地政策的宣传，认为共产党在中国不是实行共产主义，而是搞农村改良，确实能够解决农村土地问题，为农民谋福利，而国民党虽有平均地权的土地政策，不过是徒托空言，毫未实行。这一种错误观念，我们必须用事实来纠正。因此，我们在收复区特别要注意土地的处理和分配，要比共产党处理土地的情形表现出更好的成绩；使一般民众皆能了解我们的土地政策，使农民得到利益，而不是为地主谋利益。

---

① 参见朱鸿召：《延安曾经是天堂》，陕西人民出版社 2012 年版。

回望过去的时间隧道，我们依稀可以看到国共两党在土地问题上互相斗法的印痕。显然，蒋介石也在向毛泽东学习，知道还田于民对于取得民心的重要性。但是，即使国民党按共产党的做法把土地分给了农民，农民也未必就会入其彀中。国统区的贪污腐败以及对民众的剥削，使得百姓的生活陷入混乱与悲惨，国民党对共产党土地制度的模仿，流于形式，并未入肌理，成了邯郸学步。陕甘宁边区的政府是清明为民的，"对百姓好着呢"，自然得民心：部队来杨家岭，有两件事还算是大事。第一就是灾荒年号召每个人都节约2两粮食——具体数量不太记得——分给当地的群众吃。第二就是部队帮忙干农活儿，还给买了牛和种子，帮忙耕地、播种什么的。（杨德明）

给老百姓推磨，磨出来的面给我们吃。毛主席对我们杨家沟的老百姓可好了……毛主席走之后，知道我们这里困难，就让人给我们杨家沟的人送米，到山西黄河畔来取粮。你看人家好不好，都过河了还想着你，又把粮送到杨家沟来。（冯继祖）

李有源是佳县的一个普通农民。共产党的到来让他获得了土地，他不知道该怎样表达感激的心情。他有一次担大粪，担大粪担到保家湾炮台梁，累了，歇一歇，把担子放到桶上一坐，太阳红彤彤的，太阳一下照得佳县通红。他触景生情，一想，说哎呀，东方红太阳升，中国出了个毛泽东。有人把毛主席比为一盏灯，太微小了。一盏灯只能照一孔窑，毛主席像太阳，能照全国大地么。他回去就慢慢想，就编了"东方红，太阳升，中国出了个毛泽东，他为人民谋幸福，他是人民的大救星……"（柴如范）

"我说东方你就一个红，我说太阳你就一个升，说中国出了个毛泽东，他是人民大救星……"唱响全中国。

"自己动手，丰衣足食"

陕北从不缺少生活气息，但在这块贫瘠土地上生活，是艰苦的。这也考验着党和群众之间的关系。

抗日战争进入相持阶段后，由于日寇加紧对抗日根据地的"扫荡"，国民党顽固派不断制造反共"摩擦"，并对陕甘宁边区实行经济封锁，扬言"不让一粒粮、一尺布进入边区"，这使得陕甘宁边区政府面临严重的财政经济困难。1939 年 1 月，毛泽东在陕甘宁边区第一届参议会上号召，部队、机关、学校应该开展必要的生产，改善军民的穿衣吃饭问题。

从 1940 年到 1941 年，陕北地区又遇上了旱、病、水、雹、风五大自然灾害的侵袭，军队和群众的物质生活更加艰难。连毛泽东也不禁这样感叹："我们的困难真是大极了"，"几乎没有衣穿，没有油吃，没有纸，没有菜，战士没有鞋袜，工作人员在冬天没有被盖。"

1941 年 6 月 3 日下午，县长联席会议正在陕甘宁边区政府召开。突然，一声惊雷击中了会场礼堂的一根柱子，延川县代县长李彩云不幸触电身亡，[①] 另有 7 人受伤。

谢觉哉的日记里也记录了这一不幸事件。然而，事件的后续

---

① 参见张炜达：《历史与现实的选择——陕甘宁边区法制创新研究》，中国民主法制出版社 2011 年版。

发展却出乎人们的意料。

一位农民逢人便说：老天爷不睁眼，咋不打死毛泽东。[①]

"咋不打死毛泽东"这在很多人看来的确是"冒天下之大不韪"。"有的人就建议说，你还敢骂毛泽东呢，就要把这个老乡抓起来枪毙，是反革命。"

高岗说缓一缓，并及时向毛泽东汇报。"毛主席说不得了，你不懂，老百姓受不了了。"

"毛主席讲不仅不应该抓这个人，我们应该表扬他，他给我们敲响了警钟。如果我们再这么下去的话，陕北老百姓会拿起扁担把我们赶走。"

这位农民的愤怒，引起了毛泽东的深刻反思。有果必有因，必须对民情进行广泛深入的调查。

1941 年 2 月，日本华北方面军根据大本营和派遣军总部的计划，确定仍以"剿共"为重点。为加强华北方面军，又从华中抽调两个师团兵力，从而使华北日军兵力达到 11 个师团，另有 12 个独立、混成旅团，共约 30 万人。另外，有伪军 10 万余人。在华北战场上，尚有国民党军队 50 万人不断向八路军抗日根据地进行军事进攻和经济封锁。加上这一年自然灾害频仍，雪上加霜，致使华北敌后抗日活动进入严重困难时期，陕甘宁边区更是危机四伏，困难重重。

以数字来说：1940 年、1941 年，陕北整体年景为平年，局部地区遭灾严重，粮食歉收。这一年的公粮，人均负担 1 斗 4 升 8 合，占年收获量的 13.85%，当年边区农民人均粮食拥有量仅为 1 石 1 斗 1 升，交纳公粮后，人均余粮不足 1 石，再扣除种子粮，农民粮食消费每天只有六七两。而这只是来自书面的报告。实际上，情况远比这些严重得多。

---

① 参见中共中央文献研究室编：《毛泽东年谱（一八九三——一九四九）》（中卷），中央文献出版社 2002 年版。

有些地区人民都没吃的，现在吃黄蒿、榆树钱及榆树叶，牲口吃白草根，已有 27 家搬走。在米脂竟然有饿死人的现象，"哀鸿遍野，路有饿殍"形容旧时灾年惨状的字眼开始在边区各县情况通报上出现。

延安的老百姓，回忆起那段苦日子依然心有余悸：

生活那时候很困难，有困难农民也得纳粮上草。（张治斌）

一年收 7 次公粮，有的实际上就交不上去。（霍云孝）

最重的公粮，交过 12 石，1 石 300 斤。（郑生荣）

八路军留守部队的生活也异常窘迫。抗大学员王仲方回忆：那时候我们在延安的时候那真苦啊，没有饭吃，一个人按秤称，一个人盛几两饭，你一个人你想多盛一点儿饭都不可能……毛驴把粮食驮来了，是小米也好，什么也好，就往锅里一倒，洗都来不及洗了……到后来这个也没有了，把牲口的黑豆也拿来吃了。[①]

直到 1945 年党的七大召开之际，毛泽东仍从不同的角度，四次"检讨"了这个问题，要求全党要善于听"闲话"，因为这种闲话正是人民的呼声，可以用以自省并教育全党干部。

在 4 月 24 日党的七大的口头政治报告中，毛泽东感慨道："一九四一年边区要老百姓出二十万石公粮，还要运输公盐，负担很重，他们哇哇地叫。那年边区政府开会时打雷，垮塌一声把李县长打死了，有人就说，哎呀，雷公为什么没有把毛泽东打死呢？我调查了一番，其原因只有一个，就是征公粮太多，有些老百姓不高兴。那时确实征公粮太多。要不要反省一下研究研究政策呢？要！"

吃饭，成了 1941 年的延安最为严重的问题。严酷的现实，让共产党人必须作出选择。

百姓的温饱都解决不了，对于为人民谋幸福的共产党来说，

---

① 参见中央电视台等：《大鲁艺》，中国民主法制出版社 2014 年版。

是极大的不安。为了减轻老百姓的负担，中共中央果断调整了供粮政策，将当年的公粮负担，从 20 万石减为 16 万石。随后，中共中央颁布《开展根据地的减租、生产和拥政爱民运动》的指示，要求各根据地实行"自己动手、克服困难的大规模生产运动"。

1939 年 2 月，陕甘宁边区成立生产委员会。当日，中共中央在延安召开生产动员大会，毛泽东、李富春、张闻天、王明等出席了会议。还穿着补丁裤子的毛泽东征求大家的意见：在我们面前摆着三条路，饿死呢？解散呢？还是自己动手呢？饿死是没有一个人赞成的，解散也没有一个人赞成，还是自己动手吧！——这就是我们的回答！

大生产运动得到人们的积极回应：

大家讨论以后，说我们解散？我们好不容易跑到延安来，就是为了闹革命的嘛，现在怎么还能为了吃饭的问题自己解散呢？好吧，生产吧。（王仲方）

口号声此起彼伏，我们不解散，我们要抗战到底，我们要组织起来大家干。（姜云川）

"自己动手，丰衣足食。"一场轰轰烈烈的大生产运动开展起来。没有饭吃，就开荒种地；没有衣穿，就纺线织布；没有房住，就开窑洞；没有日常生活用品，就自己生产……

大生产运动是从军队开始的。当时，朱德首先提出"军垦屯

中共中央在延安：一个马克思主义政党的崛起

周星华（1925— ）

1925年出生，山西临汾人。1937年参加八路军，1940年入部队艺术干部学校学习。1945年进入延安鲁艺工作，次年起任东北鲁艺文工一团演员、导演。导演代表作有歌剧《阿诗玛》等。

田"的建议，得到毛泽东的支持。从 1941 年春到 1944 年 10 月，从华北调回陕甘宁边区担负保卫任务的一二〇师三五九旅，在旅长王震的率领下开赴南泥湾，实行屯垦。全旅官兵披荆斩棘，开荒生产，很快成为生产战线上的一面旗帜。

1941 年 3 月 12 日，时任旅长的王震向全旅指战员发出了"今年全部自给，明年要向边区交公粮，做到耕二余一"的指示，全旅指战员誓将荒凉的南泥湾变成鸡鸭成群、牛羊满川、麦浪起伏的"陕北好江南"。

三五九旅开赴杂草丛生、荒无人烟的南泥湾。在南泥湾生活了 3 年的周星华刚到南泥湾时，"放眼望去，到处都是树林，没有人家，山坡上也是一片荒芜，相反，狼很多，我们就搭火堆驱狼……同时，开始打窑洞，因为要有地方睡觉。然后，又割了一些桦树皮，用来写字"。①

三五九旅驻扎在南泥湾，一方面防御胡宗南部队进攻，保卫延安南大门，同时他们也开辟荒地，进行大生产。他们开辟荒地，也只能使用最原始的"刀耕火种"的方法，"先用刀子把树根砍掉，然后再用火烧，再把石头取出来，夯平土地，然后才能耕种。那时候，我们以小组为单位，每天进行比赛，你开了三分地，我就

---

① 参见中央电视台等：《大鲁艺》，中国民主法制出版社 2014 年版。

开五分，每天每月都要评比，选标兵，一共搞了三年"。①

当年，大家斗志很高。经常唱着战歌："一把镢头一支枪，生产自给保卫党中央。"有一名战士，叫郝树才。他在部队开荒竞赛中，每日开荒四亩多，总是第一名。另一名叫马长福的战士不服气，提出用牛与郝树才比赛，二人开赛不到三小时，郝树才就开荒一亩半，而马长福的牛却累倒了。毛泽东看到这个材料后，就在上面批写了"气死牛"三个字。此后，人们就管郝树才叫"气死牛"。

经过几年奋斗，南泥湾在 1942 年迎来了第一次大丰收，昔日的蛮荒之地，变成了到处是庄稼、遍地是牛羊的"陕北好江南"。1943 年 10 月，毛泽东到南泥湾视察时，非常兴奋地说："困难，并不是不可征服的怪物，大家动手征服它，它就低头了。"

毛泽东返回延安途中，又视察了位于陶宝峪的八路军炮兵团。10 月 30 日中午在团部用餐后，炮兵团教导营长宋承志用报纸将剩下的半只烧鸡包裹起来，塞进毛泽东右边的衣兜里。这里面装满了丰衣足食的喜悦，也装满了对党的领袖的爱戴之情。

不但王震领导的三五九旅在南泥湾开荒，延安的各类机关、学校、军队都在陕甘宁边区通过开垦荒地、多种经营生产自救。

开荒成为当时人们深刻的记忆：

一个人发一把，就一把镢头。有的地特暄，穿着这个鞋子回来以后那个土……特别多没人开过的处女地，那一镢头下去，只有把它挖下去，然后转一下才能翻过来。（翟超）

我一天最多开荒三亩一分二，当时我年轻啊，不到 20 岁，但还是累得不得了。三亩一分二一天，开生荒，那是很厉害的！（苏佩荣）

我们找的地方叫杜甫川（延安城南七里铺，有个拐沟沟），

① 参见中央电视台等：《大鲁艺》，中国民主法制出版社 2014 年版。

王麦林（1925— ）

北京人。译审。获中国科普作家协会授予的『成绩突出的科普作家』荣誉证书。1939—1941 年在八路军一二〇师任宣传员、文化教员。1945 年毕业于延安军委外文学校俄文系。

伍修权（1908—1997）

出生于湖北武昌，中国人民解放军高级将领。1937 年 2 月，任陕甘宁边区政府秘书长，负责边区政府日常工作。1941 年 7 月，担任中央军委一局局长。参与粉碎国民党顽固派发动的第三次反共高潮的斗争，主持研究制定了用政治手段粉碎敌人军事进攻的方案。1945 年参与起草了朱德在七大上的军事工作报告。同年 8 月，任总参谋部作战部副部长。

纺线线

纺线线，是陕北方言对『纺线』或『纺纱』这种织布工艺程序的称呼。根据延安大生产运动中壮观的纺线场景，很多艺术家创作了以『纺线线』为主题的诗歌等艺术形式，以歌唱人们自力更生、艰苦奋斗的精神。原延安鲁艺戏剧音乐系学员许翰如，就创作了一首名为《纺车谣》的诗歌。内容如下：

窑门口，山坡上，松木纺车金灿灿，松木纺车喷喷香……

那个地方是一片荒地，荒地上长的都是狼牙刺，所以他们就要刨烧。首先第一步把狼牙刺给刨掉，然后再开荒，开荒以后再种地。（王麦林）

因为学校有统一的组织，编成几个队，一个队一个队的，开荒的时候大家有竞赛，看谁开得最多，谁开得最快，拿着镢头往山上上，有山坡，一般的，早晨都是月亮还没有下去，星星没有下去，天还黑就得走，到晚上回来也是披星戴月回来，一般整个白天都是在山上开荒。（杜群）

开完荒，人们因地制宜，把玉米、豆子、小麦、高粱、水稻、土豆等种子撒进去，不久，漫山遍野便有了盎然绿意，只等雨露滋润，阳光沐浴。

王麦林至今还记得"边学习边劳动"的热火朝天的场面："我们怎么样种土豆？就把那个芽挖下来，用草木灰给它拌上。男同学挖坑，女同学就把拌好的芽放在坑里。一边劳动，一边学俄文。

中共中央在延安：一个马克思主义政党的崛起

法币

法币是自1935年起，国民政府发行的法定货币。在此之前的近500年中，中国一直使用银本位币制，以白银、银圆作为货币。开始之初，法币也在陕甘宁边区通行。从1940年开始，抗日战争进入相持阶段。随着国民政府切断供应，陕甘宁边区和敌后抗日根据地拒绝法币流通，开始使用边币和各种抗币，同时开展了轰轰烈烈的大生产运动。

比如说男同志给我讲一个故事，让我复述。"

人们的院子里以及院前院后种满了西红柿、茄子、辣椒。伍一曼的父亲伍修权就在他们家的院子里开了一小块菜地，"里头种的有西红柿、茄子、辣椒等。我那时候小，有的时候就跟我妹妹一块儿跑到地里偷西红柿吃，西红柿就挑红的大的吃，结果有一次把我爸爸留种的西红柿吃了"。男同志的任务是向群众学习开荒种地，女同志和"文绉绉"的男同志以及在开荒之余还有剩余时间的男同志，还"吱扭扭"地纺线。陕甘宁边区原来并不产棉花，陕北老乡穿衣用布主要依靠商人贩卖。随着国民党的经济封锁，唯一的布料来源被切断了，人们不得不摇起纺车纺起线来，开始了"纺线线"。延安的同志们主要纺棉线和毛线两种线。

一开始纺线，棉花来了先搓成棉条。搓完棉条以后开始拿着纺。一边摇车，一边拉线。一开始不会，弄不成，两个手不能协调，后来慢慢协调也就解决了。（王麦林）

人们慢慢摸索，不断探索、调整纺线的方法，他们逐渐掌握了纺线的要领，纺得又快又匀。最快的时候，一天可以纺一斤。（左伊）

纺出的棉线织成布。织布还要染，当时没有掌握科学的染色技术，染出来的布有的浓一点，有的淡一点。

"纺线能手"周恩来

1943年，在枣园中共中央书记处小礼堂中，展开了一次纺线竞赛。时任副主席的周恩来，带着王震同志赠送的纺车前来参加。在热烈紧张的比赛氛围中，周恩来动作协调，纺出的线均匀，被评为甲等。周恩来也被评为"纺线能手"。

吴伯箫（1906—1982）

原名吴熙成，文学家和教育家。1938年4月到达延安。先在抗日军政大学学习，后到晋东南前方工作。1942年5月，参加了延安文艺座谈会和整风运动，备受毛泽东同志《在延安文艺座谈会上的讲话》的鼓舞，思想有很大提升。在延安期间，先后担任陕甘宁边区政府教育厅教育科长、文化协会秘书长等职，并发表《战斗的丰饶的南泥湾》《一坛血》等大量反映当时抗战军民英勇斗争的文章，后来，这些文章由作家出版社收入《烟尘集》中，散文《南泥湾》《记一辆纺车》《菜园小记》等被收入中学语文教材。

染羊毛也没有统一的染缸，颜色还是有的深有的浅，穿在身上都是花的。

毛线就用来织毛衣、呢子，人们甚至还把织出的毛衣"出口"。会织连衣裙的王麦林解释，所谓出口就是到国统区换法币，"据说'出口'到西安卖得很好，我听了很高兴，这样子我们可以赚点儿零花钱"。大生产运动的场面红红火火，连孩子们也被动员起来，加入这场热闹的生产场面：

财富是劳动创造的，劳动人民是劳动财富的创造者，这个我们知道得清清楚楚……我们学校有生产地，我们得到地里面去劳动。我们还淘过大粪……我们到了星期天，要到老乡家里面去，给老乡打扫院子、推磨、挑水。（邢立统）

不仅是全延安的党政军民被动员起来，就连我们学校也是那样，自己种菜，自己养猪，我们学生就是去拾粪。特别是牛粪，谁拾的粪多，谁就表现好，大家都是抢着拾粪，并没有把粪当作很脏的东西。我们都称它为花卷，所以一看到粪就马上扑过去。（王锐铃）

军民共同参与的大生产运动，对每个参加者都有明确的生产指标，共产党的领袖们也不例外。中央领导和中直机关所属人员也参加了生产竞赛。人人有生产指标，日日有生产进度。在毛泽东警卫员石国瑞的印象中，毛主席、朱总司令都种地，"毛主席也种地，他种得不多，我们给代耕，每个人要交七升粮食，那么我们也交"。毛泽东在杨家岭窑洞对面的山沟里，开垦了一块长方形的地，种上蔬菜，一有空就去浇水、拔草。

领袖们除了种地，堂堂七尺男儿也做起以往农村女红的活计——纺线。在中直机关纺线竞赛中，周恩来、任弼时曾获过纺线竞赛第一名的成绩，被评为"纺线能手"。吴伯箫以热情洋溢的文字描述当时纺线比赛的壮阔场面：在坪坝上竞赛的那种场面最壮阔，"沙场秋点兵"或者能有那种气派？不，阵容相近，热闹不够。那是盛大的节日里赛会的场面。只要想想，天地是厂房，深谷是车间，幕天席地，群山环拱，怕世界上还没有哪个地方哪一种轻工业生产有那样的规模哩。你看，整齐的纺车行列，精神饱满的纺手队伍，一声号令，百车齐鸣，别的不说，只那嗡嗡的响声就有点像飞机场上机群起飞，扬子江边船只拔锚。

在这段艰难的岁月里，人们精神愉悦且激情澎湃。不会觉得苦，过得也觉得痛快呢。你像背柴，争这个开荒模范突击手，都争着干，没有说推诿的，都得争着干，越是苦活儿越争着去干。叫你去啊，你觉得高兴，那是光荣。（石国瑞）

当时有这么几十个人，都是女生，其中有五六个，为抢一个骆驼粪，就用很漂亮的手绢兜起来……赶快跑过去，把粪便倒到地里。当然也嫌脏了，然后再把自己的衣服脱下来，到延河边上洗。那时候没有肥皂，有灰麻菜，可以当肥皂用……一边洗着脏衣服，一边说笑话，大家又打又闹的。（姜云川）

盖房子没有木头，我们到延安城外30里路的地方去背木头。一个人拖大木头，是觉得很累，但是精神上不觉得痛苦，也很高兴。（洪戈）

《南泥湾》

延安电影团在 1942 年开始摄制的大型纪录片《生产与战斗结合起来》，记录三五九旅在南泥湾开荒等大生产运动的场景，被陕甘宁边区军民亲切地称为《南泥湾》，也是延安电影团极其重要的作品。1943 年 2 月，《南泥湾》进行首映。囿于技术问题，《南泥湾》原本是「无声电影」。在延安电影团同志们用扩音器播放解说词的努力下，变成「有声电影」。此后，每当播放《南泥湾》时，特别是出现毛泽东和他题词的「自己动手、丰衣足食」的镜头时，群众都会因为备受鼓舞而欢呼。

除了农业，陕甘宁边区还有工业。与现代化国家轰鸣的机器和发达的技术相比，它的简单粗糙与原始程度，几乎可以直接被划入中世纪的行列。不过，毛泽东认为，它数目虽小，意义却非常远大，是最有发展前景、最富有生命力、足以引起一切变化的力量。

陕北在成立苏维埃政权之前，几乎不存在机器工业。随着共产党在陕北逐步站稳脚跟，工业也陆续发展起来。斯诺到陕北时，发现苏区的工业都是手工业，"有保安和河连湾（甘肃）的织布厂、被服厂、制鞋厂、造纸厂，定边（在长城上）的制毯厂，永平的煤矿，所产的煤是中国最便宜的，还有其他几县的毛纺厂和纺纱厂——所有这些工厂都计划生产足够的商品供红色陕西和甘肃的400 家合作社销售。据经济人民委员毛泽民说，这个'工业计划'的目标是要使红色中国'在经济上自足'"。[1]

工人最集中的地方是吴起镇，这个小镇有一家兵工厂、几家被服厂、一家鞋厂、一家袜厂、一家制药厂、一家药房。厂房中的大部分机器都是缴获而来，有很多机器、工具和原料，都是从前线一路翻山越岭运到陕西。

1939 年国民党对陕甘宁边区实施经济封锁，边区自己生产必

---

① 参见［美］埃德加·斯诺：《西行漫记》，董乐山译，东方出版社 2010 年版。

需品的速度加快。连开发南泥湾的三五九旅部队，也开展工业生产，创办了纺织厂、鞋厂、肥皂厂、造纸厂，并进行熬盐、烧炭、榨油等。1944年，记者赵超构到延安时发现，"这些工厂的绝大多数是为满足农业社会的生活必需品而设的，其中纺织厂就占去了三分之一，煤炭厂也占去了三分之一，其余三分之一才分配到造纸、化工、机器、油盐、铁矿、印刷各业"。[1]

1941年，八路军一二〇师在晋西北没收了日本火柴厂。贺龙、关向应想到边区人民还用火镰取火，就把生产火柴的"梗片机"运回延安。化学厂的程树仁、王增荣研制出从兽骨里提取白磷的关键原料，1942年生产出了火柴。

美国记者福尔曼这样描述着他的惊讶："生产运动不限于人民，军队也参加的。这或者是八路军独有的特色。像我所知，世界上没有一支军队有这种规模。"昔日的荒山变成了丰收的"米粮川"，干涸的沟梁变成了壮美的"好江南"。作为大生产运动的一面旗帜，三五九旅创造了"自力更生、艰苦奋斗、官兵一致、同甘共苦"的南泥湾精神。

赵超构曾说："人类的历史是一部吃饭斗争史。任何人要维持一种社会形势，必须给老百姓以看得见摸得到的物质利益，要替他们切实解决问题。"

军队不但保障了自身供应，还能上交充足的公粮。部队闲下要搞生产，打下粮食，农民的负担自然就减轻了。农民就越欢迎你了，越高兴了。（白生海）

群众的负担大大减轻。

军队和领袖们"自力更生，艰苦奋斗"的精神也让老百姓感动。

榆林地区移民鲁加选说：春节的时候拉炭，轻一点是五六百

① 参见赵超构：《延安一月》，中国国际广播出版社 2013 年版。

斤，体力好时要拉六七百斤。这种苦只有八路军能吃。群众很受感动——这个军队是我们自己的军队。

群众为什么拥护这个干部呢？干部还比群众苦！话语朴素，却是一语中的。

这些习惯了拿枪杆子、笔杆子的战士、知识分子以及领袖们，他们在这些"面朝黄土背朝天"的活计面前是新手，当地的群众成为他们最好的老师。

我们开荒，谁来指导我们呢？就是当地的群众。一个老农民，他来指导我们开荒。到播种的时候，把他请来播种，我印象很深，他那个播的动作可以说美化了生活，他的动作就像舞蹈一样。当时我们觉得这能撒匀吗？结果出苗的时候，我们一看好极了、匀极了，漫山遍野。（鲁明）

到冬天烧木炭，那也请了当地的农民来指导我们烧木炭。烧木炭技术更高了，那烧不好就烧成树疙瘩了，烧木炭对火候的要求很高。把树木砍成一段一段，如何码在窑里，很有讲究。我们在农民的指导下一窑一窑都烧成功了。（鲁明）

比如我首先得学砍柴，哪些树该砍，哪些树不该砍，有老乡做指导的。这个斧头应该是斜着劈下去，还是这么劈下去，效果是不一样的。（姜云川）

战士们还与群众互帮互助，帮助群众开荒、种粮和收粮。洪戈的腰椎病就是在帮助老乡收粮食的时候落下的。

收粮食的时候，不让只收自己的，还得帮助老乡。我记得我是在杨家岭的后山帮助老乡去收谷子，那时候谷子都得往下背，从二三十度坡度的山坡上往下背。（洪戈）

军队及各党政机关，他们不但自己纺线织布，也帮助从未种过棉花的群众纺线。

我们就教给他纺棉花，教了纺棉花，教他织布……几个村一个乡搁一个机子教他们学，学半天。（张月）

扎工，又称『唐将』『唐将班子』，是陕北农村旧有的一种劳动互助形式。一般是由一些没有土地或土地不足的贫苦农民组合成为『扎工队』，在农忙时为别人耕种土地，以获得一定的报酬。『扎工队』中的成员们，也互相交换工时、互助合作。

　　军队、领袖以及其他党政机关的大生产运动，也大大提高了农民的生产热情。同时，政府还采取各种措施提高农民的劳动效率。如将陕北传统的劳动互助方式——"扎工"加以变通，由自发的乡邻互助发展为有组织、有领导的高级互助形式。不仅陕北的汉子，连原先被乡民认为"弱势劳动力"的娃子、婆姨也加入这种劳动互助组织中。到1944年，参加"变工""扎工"的达21.9928万人，占劳动力总数的46%。边区散漫的自给自足的"小农经济"逐渐演变为生产效率大大提高的集体协作，这在当时曾被称作农业生产上的革命。安塞农民说：

　　一个人上山锄地，要一个人送饭；变工五人锄地，一人送饭就行了。一犋牛犁地，要一个人播种；变工后两犋牛犁地，一人播种就可以。[1]

　　连前往延安参观的赵超构也对这种交换劳动做了高度评价：现在的变工队，虽然并未打破个体经营私有财产的基础，却已建立起劳动的规模。它打破了束缚农业发展的个体劳动，养成了他们集体劳动合作互助的习惯。等到农民逐渐了解了集体的好处，就可以进一步提倡集体化的农业经营，而走上工业化的

---

[1]　参见《介绍陕甘宁边区组织集体劳动的经验》，载《解放日报》1943 年 12 月 21 日。

集体农场的道路。①

大生产的一个成果，是农民的负担大大减轻，日子越过越红火。1941 年陕甘宁边区农民交的公粮占总收获量的 13.58%，1942 年则降低到 11.14%。1943 年，陕甘宁边区共产粮 184 万石，除去总消耗 162 万石，余 22 万石。1943 年春节，正逢"拥军优属月"和"拥政爱民月"活动，群众抬上猪、羊送到部队去拥军拜年。更重要的是，通过大生产运动，加深了党和边区人民的感情，留下了艰苦奋斗的精神，留下了党和人民同甘共苦的精神。

为了刺激群众的生产情绪，陕甘宁边区政府还发起了争创劳动模范、表彰劳动英雄的群众运动，这些劳动英雄积极开荒种粮，多养牲畜，多交公粮，成为边区的模范公民，也激发了群众的劳动热情。

1942 年 3 月，陕甘宁边区劳动英雄吴满有建议在全区开展军民生产竞赛，并特别提出要向三五九旅挑战。朱德总司令闻讯后，电令三五九旅和陕甘宁边区部队积极应战，并说，八路健儿都是劳动人民子弟，部队中劳动英雄一定很多，谁英雄谁好汉，生产劳动比比看。晋西北军区司令员贺龙也命令所属部队接受挑战，并要求各生产单位之间也互相展开竞赛。全区顿时风云四起、龙腾虎跃起来。

1943 年 11 月下旬，陕甘宁边区劳动英雄大会及生产展览会在延安举行。会上有 185 名来自农村、工厂、部队和机关的劳动英雄代表出席了大会。会议公布了 1943 年边区生产成绩：开荒100 万亩，增产细粮 16 万石，植棉 15 万亩，产盐 60 万驮，改造"二流子"4500 人，延安各机关生产总值达 20 亿元。11 月 29 日，毛泽东在中共中央招待陕甘宁边区劳动英雄大会上发表《组织起

---

① 参见赵超构：《延安一月》，中国国际广播出版社 2013 年版。

来》的讲话，阐述把群众组织起来是人民群众得到解放和穷苦变富裕的必由之路，也是抗战胜利的必由之路。大会主席台上，树立着10位特等劳动英雄的画像，有农民欣喜地说，生产劳动可以"中状元"，真是开天辟地以来没见过的新鲜事儿。这次会议评选出25位特等劳动英雄，每人奖金3万元。中共中央在杨家岭中央大礼堂举行招待会，招待劳动英雄们。中共中央主要领导人全部到会，向他们表示祝贺。

在中直机关和军直机关生产展览会上，大生产带来的大变化是通过一张餐桌和各机关食堂的每月食谱显示出来的。餐桌上摆着风味各异的狮子头、红烧肉、酥肉、水花肉、麻婆豆腐、金钩钓鱼、酸辣肉、金银洋芋丝、红烧肠子、醋熘排骨等74种菜肴。其中杨家岭大灶每月吃菜品种最为丰富，竟达50种之多。食堂原来每人每日吃小米1斤3两，后改为隔日吃一次馍，十月份吃馍15次。每人吃牛肉2斤，羊肉3斤，猪肉1斤4两，并有西瓜、梨子、桃子等水果可吃。中直、军直机关蔬菜全部自给，粮食大部分自给，建手工作坊52处，养猪、羊、牛3232只。

英雄大会后，毛泽东和劳动英雄们举行座谈会，陇东劳动英雄孙万福老汉握着毛泽东的手说："这就叫大翻身呐！有了吃，有了穿，账也还了，地也赎了，牛羊也有了，这都是共产党、毛主席给的。没有你，我们这些穷汉趴在地下一辈子也站不起来！"

毛泽东强调："一切空话都是无用的，必须给人民以看得见的物质福利。"中国共产党以其敏锐的洞察力与睿智力，以大生产运动破解生存难题，为中国革命奠定了坚实的物质根基，同时也更加赢得了民心。

边区的天是晴朗的天

延安城外的一个小山村侯家沟，这个山村里的人们，一直被生养孩子的问题所困扰。

生孩子一般来说，成活率只有 20%。（尚宏恩）

产妇因为消毒不严密，产后处理也不好，得子宫病的也很多。（韩子玮）

其实，不仅是侯家沟，整个陕北都面临着同样的难题。陕甘宁边区由于缺医少药，一遇到医疗问题，就靠土方法或巫术治病。

老百姓生了病，请巫神给他看，巫神说，"你今天出门了没有？""出了。""你今天碰见什么了？""我碰见一个黑狗。""那是一个黑狗精把你缠住了，你必须送点钱。"（骆行）

过去生的孩子都没活，可能就是因为七日风，也就是我们说的破伤风。破伤风就是因为脐带消毒的错误……用藤条来割脐带，连剪子都不会用，而且用灰土、泥土涂上。（韩子玮）

在边区，疾病普遍流行。首先是"梅毒"，保安及三边一带患者占总患病人数的 51% 以上；其次是"格劳"（癣疥）；再次则为妇女、儿童病，以及一般的"流水病"（伤寒病）等，老年人则常生肺病。直至 1940 年，成年人平均死亡率仍达 30%。

死亡人口中，婴儿死亡率又占了大多数，部分地区婴儿死亡率甚至高达 60%。

1942 年年底，毛泽东在西北局接见劳动模范时，问他们生活中还有什么困难。一位劳动英雄说："现在我们有吃有穿，日子过得很好，就是婆姨生娃娃活不了，财旺人不旺，请毛主席想想办法。"毛泽东回应，要做到人财两旺。

毛泽东指示中央卫生处协同陕甘宁边区政府，组织巡回医疗队下乡，开展卫生救治防疫工作，并希望延安各大医院、陕甘宁边区医院、卫生所等负责农村群众的医疗卫生防疫工作。中央医院和其他医院的医生们，组成医疗小组，到乡下宣传医疗卫生常识以及传染病防治。他们学习陕北话，并成立百姓喜闻乐见的卫生秧歌队，宣传卫生知识防疫知识；他们还画了大量宣传医疗卫生的漫画，"弄绳子上，把绳子挂在树上，（宣传）怎么样预防传染病、怎样接生新娃"。（韩子玮）

除了宣传，中央医院和其他医院的医生们还直接去老乡家里为他们治病、接生。

我们当时去了解他们谁生了多少孩子，谁怀了孩子，谁没有。有了孩子咱们就关心，经常去见她，到生的时候咱们就住她那儿去，看她把孩子生完了再回来，过几天再去看看——她的孩子也就好——就这么和老百姓了解情况。（宋光明）

抗战时期，陕甘宁边区形成三大医疗系统，即中央系统、军委系统和边区系统。此后，随着医疗卫生事业的发展，相继出现了一些民间卫生组织。中央系统由中央卫生处以及下属的医疗机构组成，包括中央医院、党校、鲁艺卫生所等单位；军委系统主要包括中央军委总卫生部和陕甘宁晋绥联防军卫生部下属的延安中国医科大学、白求恩国际和平医院等；边区系统则包括边区政府民政厅卫生处下属的边区医院，各机关、学院卫生所等单位。

当时在延安很有名气的白求恩国际和平医院，其前身是八路军野战医院，属于军队医疗机构，主要为中央军委所属单位和驻延安地区各部队，以及从前线转送到延安的伤病员服务。

尽管医护任务很重,但他们积极响应号召,经常组织医疗队下乡,宣传卫生、防病治病。据统计,1944 年上半年,他们就为周边群众门诊、出诊病人 1096 人次。每逢春节期间,很多得到救治的病人,纷纷来到医院,给医生护士们拜年,场面极为亲切、热烈。

医生们的努力获得了效果,农民们开始接受健康的卫生观念,开始选择到中央医院和其他医院生孩子。共产党人创办的中央医院,是陕甘宁边区最高水准的医疗机构。成立于 1939 年 11 月的延安中央医院,原本想取名"中央干部医院"。毛泽东听说后,很不赞成。他说:叫干部医院,那老百姓有病看不看呢?还是叫"中央医院"好,面向延安和边区党政军民,为群众服务。

在毛泽东的心目中,百姓永远是第一位的。

为百姓服务,成为"中央医院"恪守的准则。1944 年 11 月,陕甘宁边区文教工作者会议通过的《陕甘宁边区文教大会关于开展群众卫生医药工作的决议》强调:"必须动员一切部队机关中的西医除为部队机关服务外,兼为群众服务,尽量给老百姓看病或住院,并于必要时组织巡回医疗队下乡。必须动员和帮助一切中医和一切药铺认真为群众服务。"

韩子玮回忆:"老百姓最初来医院还有些顾虑,他们进来的时候还有点恐惧，担心这个孩子能不能活？但等他们发现，等（孩子）脐带脱落以后才能出院，平平安安地出院。老百姓很高兴，我们也很高兴。"宋光明也称，他们还给老乡的是"干干净净的、红彤彤的"健康孩子。

越来越多的百姓愿意在中央医院生孩子。在家里土炕上生，孩子生下来就包着被子，脐带长；咱们是断脐干净，都把孩子穿得好好的，干干净净包着，吃住都在医院里。他们都愿意来医院生孩子、坐月子。（宋光明）

更让当地百姓打心眼儿里高兴的是，在医院看病是免费的，不但治病免费，吃饭也免费。"老百姓说挺好的，都愿意来生，都愿意到中央医院生孩子。"（骆行）

在延安市场沟陈玉英的印象中，来中央医院看病的人熙熙攘攘，"外地洛川来的，这儿来的，那儿来的，有乡下里来的，都在中央医院接生娃娃呢。不要钱么，还给管饭"。

中央医院的产妇得到了超常的待遇。

产妇还吃得好，毛主席那会儿叫给枣稀饭，补血的。枣把核抠了，光熬那个皮，拿刀子都把核切掉了，给产妇熬。小米稀饭，挂面，给吃得好。毛主席那会儿说给喝鸡汤，给产妇还熬鸡汤，又不要钱，毛主席就爱孩子。（宋光明）

治疗免费，但服务并不打折扣。医院的护士把病人照顾得无微不至。我们那时候就是医生不分昼夜，随叫随到，主动要巡视病房，一天3次。重的病人我们就亲自守着，思想上不依靠别人，不依靠护士。护士8小时下班就没有责任了，我们医生是要24小时担负这个责任。病人生命就在我们肩上，所以我们也休息不下去，就守着病人一直到他脱离危险，这是普遍的，都是这样做的。（韩子玮）

中央医院的大夫，还能记得不少治病救人的故事。

韩子玮曾经救过一个得肺炎的孩子：1944年，有一个得肺炎

傅连暲（1894—1968）

原名傅日新，福建省长汀县人，医学家。1938年加入中国共产党，长期从事中央领导的医疗保健工作和医疗卫生教育工作，是中国人民解放军和新中国医疗卫生事业的奠基人、创始人之一，也是新中国成立之初的一位医疗将军。

向进（1915—2014）

原名何武坦，出生于1915年，湖南永顺县人。1938年1月参加革命，历任华东野战军卫生部直属医院副院长、华东军区人民医学院教育长、上海军医大学副校长、第二军医大学副校长等职。著有《物理诊断学》《以整风的精神来检讨我们过去的卫生工作》等。

的孩子病得很重，其父亲是一个小商人，无儿无女收养了一个孩子。孩子有肺炎到我们医院，我们就收留了。孩子病很重，发高烧，痰喘不止且昏迷不醒。经过治疗，那时候也没有什么特效药，就是细心治疗，对症治疗，结果经过上下的努力，就把他抢救活了。在我们医院住了40天，因为他营养也不好，所以恢复比较慢，（我们）尽量给他吃豆浆、鸡蛋羹这些条件最好的饭。孩子病好了，出院了，他父母特别感激我们医院。我们说不要感激医院，这是党领导的医院，只要老百姓得病了，我们都会治疗的。

向进曾经救过一个猩红热的老乡：有一次，一个老百姓忽然口吐白沫，呼吸非常困难，当时就要窒息了，很快就要不行了。我当时诊断很快，赶快把他抬到我们卫生所来。我一看他手脱皮，一下脱很多，（诊断）这是得了猩红热。得了猩红热以后很容易引起肺水肿，肺里的水多了，就吐白沫，就把气管堵住了，那很危险了。我赶快给他放血，放出200CC的血就好了。放完血后口吐白沫的症状很快就缓解了，这个老百姓就救过来了。

在这些医生和护士眼里，没有干部、军人与老百姓的区别，他们都是身份平等的病人。骆行感慨："他只要是我们的病人就得按病人对待，并不是因为你是老百姓他是干部（有所区别），你多大干部来该怎么治疗也就怎么治疗，你老百姓来我也是这么治疗。绝对是一视同仁，真是这样。"

中央医院院长傅连暲在《中共中央医院的四周年》中感慨："因为群众住院也是全部免费的，所以据1944年1月至5月统计，中央医院在5个月中，为此而开支的医药费就达246万元边币。这说明了本院不只是照顾中直、军直的病人，而对政、军、民各界也义不容辞地担负起他们部分的治疗工作……老百姓来住院的，是一年比一年多，今年就更多些。侯家沟村里有一个老百姓，过去生了3个娃都死了，今年第四胎入院生产活了。于是那个村中，今年在本院生产的就有5个产妇，都是笑嘻嘻地举着一个胖娃娃回去。"

正如延安市枣园镇侯家沟村村民尚宏恩所说："军民团结起来，把这个卫生搞好，同时破除迷信，从此也不相信巫神了，生孩子也在医院生，有病在医院看，比以前好得多得多呢。"

为了提倡讲究卫生，陕甘宁边区政府还举办卫生巡回展览。老乡们从稀奇的显微镜里，懂得了什么叫细菌，怎样对付细菌。千百年留下的喝生水习惯，由此得到改变；文明的种子，就这样播进了群众的心中。

长期游离于现代科学医疗之外的百姓，挣脱愚昧、落后的绳索，生命得以被善待，生存权得以被捍卫。

每一个人，都可以义正词严地宣布享有免于疾病痛苦的人类权利。维持人类的健康，需要有与权利相对应的义务，需要素被冠以"白衣天使"的医生们关上黑暗的闸门，使被疾病夺去健康的人们"到宽阔光明的地方去，并幸福地度日，合理地做人"。因为有了延安这些"白衣天使"，延安人民的生活才有可能"财旺，人也旺，日子旺"。

除了生产和生活，中共中央和陕甘宁边区政府还十分重视以扫盲为中心的教育事业。1937年陕甘宁边区政府刚成立，就拨出整个经费的20%用于发展教育事业。

秧歌剧《夫妻识字》中的一段唱词，生动地展现了一对夫妻互相鼓励，在夜校读书识字的故事：

（女）要把道理说分明，庄稼人为什么样要识字

（男）不识字不知道大事情，旧社会（咱）不识字，糊里糊涂受人欺

（合）如今咱们翻了身，受苦人变成了当家的人，睁眼的瞎子怎能行，学习那文化最呀当紧呀么嗯哎哟

在当时的延安，到处可以看到妈妈教孩子识字、夫妻互教互学的动人场面。

红军长征到达陕北前，陕北地区的文化教育十分落后。延安百姓的识字率仅为1%左右。"学校稀少，知识分子若凤毛麟角，识字者亦极稀少。在某些县如盐池一百人中识字者有两人，再如华池等县两百人中仅有一人。平均起来，识字的人只占全人口百分之一。"[①] 在陕甘宁边区第一届参议会的政府报告中，陕甘宁边区政府主席林伯渠对边区的教育忧心忡忡。地广人稀、生活贫困的特殊环境，使得当地教育极度匮乏。1936年，"全边区没有一所中等学校，12500人中才有一所小学"[②]，百姓文盲率高达99%以上，封建迷信大行其道，陕北的人民一直在教育的低谷徘徊挣扎。

教育家晏阳初曾说，一切问题自人而生，欲求问题的解决，自当在人上来下功夫。

农民要识字，孩子也要读书。教育问题，成为政府在陕甘宁边区亟待解决的迫切难题。1937年，陕甘宁边区政府成立后，头等大事就是设立夜校、冬学、读报组、巡回训练班和识字班等，展开扫盲行动。

1939年8月5日，陕甘宁边区政府颁布《陕甘宁边区各县社

---

① 参见中国科学院历史研究所第三所编：《陕甘宁边区参议会文献汇辑》，科学出版社1958年版。

② 参见刘锡成：《陕甘宁边区新文化教育事业简论》，载甘棠寿、王致中等主编：《陕甘宁革命根据地史研究》，三秦出版社1988年版。

会教育组织暂行条例》，明确各基层组织要通过举办识字组、识字班、夜校、半日校、冬学、民众教育等6种形式，切实搞好农村社会教育。被分配在延安市"民众教育馆"的杜群，主要工作之一就是"组织青年人学习识字"。学习方面，主要是"给他们讲一些革命大道理，抗日战争的形式，讲一讲妇女解放的问题"。教他们识字的形式则是"挂个小黑板，组织大家一块儿坐下讲一讲"，教他们的字也紧跟时代形式，譬如"抗日打日本，妇女解放"。毛泽东指出，抗战时期最中心的任务是"动员一切力量争取抗战胜利"，在一切为着战争的原则下，一切文化教育事业均应适合战争的需要。而教育能够"开化"民众，使他们于中国乱局中拨开迷雾，理性释放他们的民族情绪，从容加入救国救民的时代洪流。

绥德文工团团长闫晓明感慨：问题是你不识字，你就和瞎子一样，天下大事你什么也不懂，你认识了字，你就懂得了党的好多政策。所以，你做什么都有目的，你就有了劲头儿。

当然，不是所有的百姓都乐意识字。在他们的意识里，"农民会种地、会劳动就行了，不用识字"。负责组织识字的同志们就做宣传工作，四处贴标语招生，并积极奖励学习的热心分子，还请劳动英雄、变工队长等模范人物向群众宣传识字的好处。

1944年6月，与习仲勋结婚不久的齐心来到郝家桥专门办

齐心（1926— ）

1926年出生，河北高阳人。陕甘宁边区革命根据地主要创建者习仲勋的夫人。1940年，随姐姐来到山西屯留县岗上村的中国人民抗日军政大学第一分校女生队学习，成为一名八路军战士，后到延安学习。1940年冬，与另外4名女同志赴延安学习。1943年，在绥德师范做学生工作时，与习仲勋相识，同年8月14日入党，次年与习仲勋结婚。

了识字班。郝家桥老会计马兴业回忆："那时候这里的人基本都没有文化，只有那些有钱的人，雇用一个老师，教几天书，其他的人，根本没有读过书。齐心在这里搞这个活动，晚上教年轻人识字、唱歌、扭秧歌、跳跳舞，给郝家桥的文艺工作带来活力，而且她和郝家桥的人民的关系特别好。"刘玉厚之子刘宏恩评价说，齐心办的识字班红红火火，"把这些年轻人组织起来，老的也罢，小的也罢，男的女的，组织起来搞这个夜校，办这个识字班，她亲自辅导"。

教育的形式多种多样，如根据教学的时间不同，分为冬学、夜校等形式不同的课程组织方法。贺起旺回忆："有自愿学习的5人以上的村庄，由劳动英雄、变工队长等人出头，就可立一冬学。"夜校面向"所有的人，谁愿意去都可以去，每天晚上2小时，第二天再参加劳动"。

为了方便群众的识字活动，识字工作还创造了识字组。只要有一个人识字，就可以成立识字组，教学形式不限，每天认两三个字即可。

群众教育的教学方法也五花八门，"锅上写个'锅'字，擀杖就在上面写个'擀杖'"，还成立过识字岗，"专门有两个人在大路口拦住考你，不会的话他们教给你，直到你学会后你就可以离开了"。（贺起旺）

延安的"课桌"可大可小。大可大到面向群众的社会教育，小可小到针对孩子的学校教育。

陕甘宁边区政府没成立之前，在国民党手里要上学很难，你家里没钱就供不起。有的娃娃爱学字，在学堂一旁听，一个字都听不到，人家老师都不让。边区政府成立之后，就是半耕半读。（白生海）

1937年，政府决议进行普遍的免费教育。

小学教育免收学费、书籍费，中等以上的学校免收学膳等费用，使学生不致因生活问题妨碍学习，同时使已在社会服务的人员得以暂时抛弃谋生职业，学习更高的学问。夜校的灯油费和教员的津贴或由政府开支或由地方筹措，看地方情形决定。

群众有了学习的机会。

学校教育尤其是小学教育也开展得如火如荼。到1945年，边区共有小学1377所，其中民办小学占1057所，达到总数的76%。1940年3月29日，陕甘宁边区政府正式颁布《陕甘宁边区实施普及教育暂行条例》。其中规定："七岁至十三岁未入学之学龄儿童，不分性别、成分，均应一律就学，读毕小学课程。""有疾病或特殊原因不能入学者，其家长得向当地县政府请求准许缓学，有痼疾者得免学。"以上条例，为边区儿童享受义务教育提供了制度保障，边区小学教育得到较大发展。教学方式同样因地、

> **「二流子」**
>
> 陕北农村对不务正业、不事生产，以鸦片、赌博、偷盗、阴阳、巫神、土娼等为活计，搬弄是非、装神弄鬼、为非作歹的各种人的统称。陕甘宁边区政府发动群众及各界人士，对「二流子」进行救助改造。对「二流子」的改造方式是：以群众运动的方式确定本村哪些人为「二流子」或「半二流子」，召开群众集会，集体劝说，或强制处罚，使他们改正陋习。

因时制宜，灵活调整教育方式，有的"群众自行管理，自选教员，自定教学内容、教学方法"，有的"教员由政府指派，教材则按照学生家庭的需要编写"，有的"学生既有儿童也有成人，全体学生都不脱离生产，分早、午、夜班授课"。学生一般还有麦假和秋假，以适应农事需要。而且，无论是群众教育还是学校教育，越来越接地气。群众与孩子们学到了在农村与家庭中更为实用的知识，如记账法、写信、写路条、打算盘、种菜。

教育，也使农民看到了切切实实的实惠。

在延安，还有一种别样"课桌"，教员数量众多，从普通群众到中共中央领导，都是其中一员，但学生的数量稀少且身份特殊——"二流子"。

根据地的文化教育得到发展。

延安市还为"二流子"制定了专门的纪律和公约：

（一）不染不良嗜好；

（二）不串门子；

（三）不招闲人；

（四）不挑拨是非；

（五）要有正当职业；

（六）如有违反，罚工。

在党政领导教育以及群众的教育指导下，"二流子"的数量大大减少。到 1943 年年初，边区 3 万多名"二流子"得到改造，未改造的剩下 9554 名；到 1943 年年底，这 9554 名"二流子"中又有 58.8% 得到改造。[①] 被改造的"二流子"不但积极劳动，有些还成了劳动英雄。

1936 年中央红军到达陕北之前，延安枣园村内有个人叫钟万才，在陕北红军某团当过机要科科长。后来钟万才夫妇染上了毒瘾，从部队复员做农民。当时，吸毒现象在陕北农村较为普遍，直到党中央来到陕北之后才开始禁毒。得知钟万才的事情之后，枣园乡乡长杨成福经常去他们家给两人做思想工作，劝他们戒毒。慢慢地，做通了他们的工作之后，杨成福把钟万才夫妇带到山上进行劳动。一年以后，这对夫妇不仅戒了毒瘾，生活光景也渐渐变好。这件事情由乡里上报给县里，再由县里上报给延安市，最后有人把情况反映给了鲁艺。鲁艺根据钟万才夫妇戒毒的故事，改编成《二流子变英雄》的剧目。1945 年正月十五，毛主席和中央领导人观看《二流子变英雄》后一致说好。毛主席称赞道："二流子改造过来也是一个好劳动者嘛！"因为这件事，1945 年年底，杨成福被评为模范乡长，出席了陕甘宁边区劳模大会。

在吴起县的王洼子乡，一个叫刘海生的"二流子"，也迎来了新的人生。

刘海生曾经也是人们眼中的"二流子"典型，不仅到处游逛，不务正业，还被国民党驻军诱惑吸毒、赌博。

他这个人是赌博的、抽大烟的，就不好好劳动，也不好好下苦。（刘光明）

当"二流子"的时候，他是十八九岁，二十来岁。学阴阳、耍赌博、抽大烟、流氓习气。（王永隆）

1935 年家乡解放后，在中国共产党和苏维埃政府的帮助教育

---

① 参见陕甘宁边区财政经济史编写组、陕西省档案馆编：《抗日战争时期陕甘宁边区财政经济史料摘编》（第二编），陕西人民出版社 1981 年版。

下，他不仅戒烟戒赌，还通过勤奋劳作致富。

当时就改造他，叫他改邪归正，地方上干部要做他的工作。（孟波）

这个人的文化程度也有了，人脑壳又精明，最后就突然变化了。（刘光明）

1936 年，刘海生被乡亲们选为王洼子乡苏维埃政府主席。

抗日战争进入相持阶段后，为打破国民党对陕甘宁边区的经济封锁，刘海生响应政府号召，购买了两头牲口开始个体运盐，并组织运盐队。没有运输工具，没有架子车，没有其他车辆，就用牲口，晚上偷偷地运。运盐一方面给老百姓方便，另一方面挣点儿钱。开始他买了 6 头牲口，最后增加到 10 头，把盐卖了再买，买了再驮，给老百姓往外运盐……确实吃苦了。（刘光明）

1944 年，陕甘宁边区政府赠给刘海生"劳动英雄"金匾一块，毛泽东曾称赞他："你这个运盐模范好啊！"

1946 年春节，这是延安最欢乐的时刻。延安人最喜欢舞着秧歌去"拜大年"，满城的拜年秧歌有一个共同的去处——毛泽东居住的窑洞。

川口六乡的劳动模范杨步浩，还带来了一份特殊的拜年礼物——一个金字大匾。冯生有还清晰地记得送匾时的情景：

一说给毛主席拜年，心里都可高兴了，说好，意思就说给毛主席拜年应该的，毛主席对咱这么关心、这么爱护，咱给毛主席拜拜年，咱就心满意足了，心里也高兴了。

群众给毛泽东送的匾是"人民救星"匾。延安杨家岭村村民郑生荣向我们解释："人民救星，共产党就好比人民救星。过去受剥削、受压迫，现在来了救星。"

人民群众的敬爱与喜悦，表达的是血肉相连的鱼水深情。这是一段相濡以沫的历史，是一曲投身革命与寻找幸福的壮歌。

延安的天空更加晴朗，边区的太阳昭示着中国的未来……

中共中央在延安：一个马克思主义政党的崛起

现在的"韩荆州"就是工农兵

1942年12月，毛泽东在中共中央西北局高级干部会议上说，延安县同志们的精神完全是布尔什维克的精神，有这样的精神，这样的工作态度，这样的和群众打成一片，我们的工作便无往而不胜。

在我们想象，边区一定是共产理论像洪水一样泛滥的世界。然而不然，马列主义固然是边区的基本思想，但已经不再以本来的面目出现了；因为现在边区马列主义已经按照毛氏所提的口号化装过，那便是"马列主义民族化"。换一句话说，马克思和列宁，不再以西装革履的姿态出现，却已穿起了中国的长袍马褂或农民的粗布短袄来了。[1]

中国共产党，对于他们的信仰、执政理念与伟大目标的传播，即如何"到群众中去"，不是标新立异，是活学活用，懂得依靠传统的力量，在旧习惯和旧形式这些"老瓶"中装入了新酒。中国共产党在老百姓中宣传革命思想，是以老百姓喜闻乐见的形式

---

[1]　参见赵超构：《延安一月》，中国国际广播出版社2013年版。

毛泽东的忧虑

1942 年春节期间，鲁艺美术系的蔡若虹、华君武和《解放日报》美术编辑张谔在军人俱乐部举办了一个小型漫画展，对延安存在的某些不良现象进行了讽刺和批评。毛泽东也来参观。几天后，毛泽东特意邀请 3 位漫画家到杨家岭来谈话，指出漫画要考虑到全局，对人民的缺点不要冷眼旁观，应该多加鼓励。

传播的。陕北是民间文艺的沃土，延安还来了很多"了不起"的文艺家。但高雅的和通俗的艺术还没有形成合唱。你看不起我的，我听不懂你的。

老百姓对鲁艺学员的评价，让王昆她们哭笑不得：老百姓说我们，音乐系哭爹哭妈，戏剧系装疯卖傻——一会儿哭，一会儿笑，文学系吹牛拍马，美术系画他爸爸。

民族危难之际，抗战艰辛时刻，必须凝聚文艺的力量。毛泽东《在延安文艺座谈会上的讲话》中强调，必须解决文艺为什么人的问题和怎样为的问题。

1941 年 12 月 7 日，日本偷袭珍珠港，太平洋战争爆发。就在接下来的 1942 年，中国抗日战争也进入最为艰难的时期，敌后抗日根据地面积急剧缩小，陕甘宁边区陷入极端困难之中。

此时的延安，文艺界多年存在的理论纷争和文学家、艺术家们表露出来的某些创作倾向，引起毛泽东深深的忧虑，很多人不乏抗日救国的热情，但思想认识没有统一，没有深刻认识到文艺是为广大人民群众服务的宗旨。为此，毛泽东主动提出由自己负责文艺界的整风活动。1942 年春天是毛泽东一生中同文艺界接触最频繁的时期，仅 4 月这一个月里，有文字记载的接触就有一二十起。

为了解决文艺界存在的方向性问题，毛泽东决定召开一次文艺座谈会。在此之前，他进行了几个月的调查研究，听取了萧军、艾青、刘白羽、何其芳、丁玲等文艺工作者的意见。时任青年艺术剧院院长的塞克，性格刚直，他接到毛泽东的邀请函后，提出一个条件："有拿枪的站岗，我就不去。"毛泽东听说后，不仅撤了杨家岭的岗哨，还亲自到窑洞外欢迎。那天，他们谈了四五个钟头，还一起用了午餐。这让塞克感到很惭愧，责怪自己不该如此怪异嚣张。

此外，延安文艺界存在的一些纷争也引起了毛泽东的注意。1941 年 7 月下旬，与毛泽东交往较多的萧军，因为与一些人意见不合想离开延安。毛泽东在给萧军的信中，恳切地挽留萧军，说"延安有无数的坏现象，你对我说的，都值得注意，都应改正"。同时对他身上的缺点也提出批评，提醒其"要故意地强制地省察自己的弱点，方有出路"。中共中央机关报《解放日报》的文艺专栏，在反映延安火热生活的同时，也刊登了一些批评与不满的文章。

1942 年 4 月 13 日下午，周扬、何其芳、周立波、陈荒煤、严文井等人应邀来到杨家岭毛泽东的住处。同与党外人士的谈话相比，毛泽东同他们的谈话更加直接。他说："我看你们鲁艺的同志要经常到农村去，要认真了解农民需要什么、喜欢什么，只要你们真正懂得了农民，农民就会懂得你们的。"[①]

毛泽东以他政治家的洞察力和概括力，把文艺的全部问题归结为"为什么人"和"如何为"两个方面。毛泽东指出："为什么人的问题，是一个根本的问题、原则的问题。""我们的文艺，是为最广大的人民服务的。"[②]

文艺作品应该比普通的实际生活更高、更强烈、更有集中性、更典型、更理想，因此就更带普遍性。毛泽东认为，走向

---

① 参见中央电视台等：《大鲁艺》，中国民主法制出版社 2014 年版。
② 参见中央电视台等：《大鲁艺》，中国民主法制出版社 2014 年版。

人民大众，在生活中汲取艺术的养分，通过优秀的文艺作品感动、启示和教育人民，是文艺工作者的责任。他从抗日斗争和根据地建设的现实需要出发，明确号召"有出息的文学家艺术家，必须长期地无条件地全心全意地到工农兵群众中去"，[①] 与工农群众结合起来，这样才能创作出"为人民大众所热烈欢迎的优秀作品"。

1942 年 4 月 27 日，毛泽东和时任中央宣传部代部长的凯丰，联名邀请在延安的上百名文艺工作者举行座谈会。这是毛泽东第一次与他人联名发起召开党的重要会议，也是他一生中唯一的一次。这份在当时算得上很讲究的请柬，让很多文艺工作者感到有些意外，也特别高兴。以往他们参加会议，接到的都是会议通知，这次则不同，是来自毛泽东的邀请。而且里面说是交换意见，不是听报告，一下子拉近了距离。

1942 年 5 月 2 日下午，延安文艺座谈会就在杨家岭沟口，被称为"飞机楼"的中央大礼堂一楼一间不大的会议室里，拉开了帷幕。

在第一次会议上，毛泽东开宗明义，说召开这次会议，就是要"研究文艺工作和一般革命工作的关系，求得革命文艺的正确发展，求得革命文艺对其他革命工作的更好的协助，借以打倒我们民族的敌人，完成民族解放的任务"。他还以自己为例子，说明文艺工作者应站在人民群众的立场上，思想感情和工农兵大众的思想感情打成一片，努力使自己的作品为工农兵所欢迎。

毛泽东的这个开场发言，给整个会议定了调子。在接下来的二十多天里，文艺工作者就作家立场、文艺政策、文艺对象、文艺题材等问题，各抒己见，进行了充分的讨论。参加这次会议的欧阳山后来回忆说："不管对的、错的都可以无拘无束地讲出来。

---

① 参见中央电视台等：《大鲁艺》，中国民主法制出版社 2014 年版。

讲完之后，也没有向任何人追究责任，真正做到文艺方面的事情由文艺界来讨论解决，不带一点强迫的性质，发扬了艺术民主，使大家心情非常舒畅。"

5月16日，座谈会举行第二次会议。民众剧团负责人柯仲平，介绍他们到村里演《小放牛》，老百姓都很喜欢。剧团离村的时候，群众把他们送得很远，还送了很多慰劳品。他颇为自豪地说，"你们要在那些地区，我们剧团怎么找呢？你们只要顺着鸡蛋壳、花生壳、水果皮、红枣核多的道路走，就可以找到"。听到这番话，会场上一片笑声，毛泽东也不忘插了一句："你们如果老是《小放牛》，就没有鸡蛋吃了。"

在5月23日的闭幕会上，毛泽东对会议做了结论。他联系延安和各抗日根据地文艺界存在的问题，说中心问题有两个，一个是"为群众的问题"，另一个是"如何为群众的问题"。文艺工作者应该以鲁迅所讲的"横眉冷对千夫指，俯首甘为孺子牛"为座右铭，一扫过去那种脱离实际、脱离群众的不良风气，甘心做无产阶级和人民大众的"牛"，鞠躬尽瘁，死而后已。

在延安文艺座谈会上，毛泽东曾比喻说，在我们为人民解放的斗争中，有两支军队，一支是朱（德）总司令的，一支是鲁（迅）总司令的。朱德在闭幕会上说，无论是哪支军队，都要依靠人民群众，并以自己由一个旧军人成长为总司令的心路历程，进行了现身说法。他还谈到诗人艾青"生不用封万户侯，但愿一识韩荆州"的感慨，说现在的"韩荆州"就是工农兵，文艺工作者与工农兵相结合，才会更有作为和成就。

此次座谈会获得了强烈反响，文艺家们创作出了大量时代迫切需要的优秀作品。深入群众，深入生活，让文艺家们获得了丰富的题材、主题和艺术营养，人民大众在文艺作品的感召下，得到了思想与感情的升华。

1942年年底，元旦来临、春节将至，正是传统戏剧表演的大

改进秧歌剧

过去延安秧歌队唱的是旧秧歌，演员打着伞，手里拿着大团扇，绿手帕，内容或是『骚情秧歌』一对男女对扭，表情夸张做作；或是头扎朝天辫，脸画白眼窝的『傻柱子』形象。鲁艺秧歌队成立后，对秧歌剧的道具、表演形式和内容都进行了改进和创新。将扁担、绿手帕等旧道具改作代表工农形象的镰刀、斧头，将演员造型改造为头扎英雄结，身穿天蓝色上衣，腰系彩绸缎的英姿飒爽形象；在内容上，结合当时农村新气象，突出表现人民群众的劳动形象，体现新时代劳动人民当家作主的景象。同时，鲁艺秧歌队还破除了封建残余思想及其对妇女的迫害，让妇女投身到『新秧歌』运动中，扮演符合性别身份的角色，结束了旧秧歌中『男扮女装』的历史。

马不恩父女

1941年，米脂县人马不恩一家六口，从家乡逃荒来到延安城南的边区农场种地。父女俩一起早贪黑，每天开荒劳作10多个小时。农场组织劳动竞赛中，15岁的马杏儿每天开荒最多达2.5亩。通过辛勤劳作，马家很快实现了边区政府提出的『耕二余一』（耕作二年余粮一年）。边区政府主席林伯渠对他们予以嘉奖，授予他们『父女劳动英雄』的称号。后来『父女开荒』的故事被改为秧歌剧《兄妹开荒》。

李波（1918—1996）

原名任秀英，鲁艺戏剧系学员。1918年出生在山西省太行山深处一个偏僻的小山村。1938年参加八路军，在西北战地总动员委员会宣传团当演员。1942年到延安鲁艺戏剧系学习。在毛泽东发表《在延安文艺座谈会上的讲话》后，1943年和鲁艺教师王大化采用当地老百姓喜闻乐见的民歌曲调创作了《拥军花鼓》。后又和王大化等根据劳动模范马不恩父女的事迹创作了《兄妹开荒》，并饰演其中的『妹妹』一角。因其嗓音嘹亮、动作活泼，一时间，成为延安人心目中的明星。

好时机。鲁艺副院长周扬因此提出："这次演出，不但要让老百姓懂得所宣传的内容，而且还要让他们爱看。"粗犷、豪放、具有鲜明地方特色的陕北秧歌引起了鲁艺师生的关注，他们专门把桥儿沟的秧歌把式杨家兄弟等一些当地闹秧歌的"头行人"请来教秧歌。

本来老百姓就有秧歌，为了祈祷风调雨顺，"头行人"是一个"老爷爷"，一手执扇意为"风调"，一手擎伞寓为"雨顺"。在于蓝的记忆中，传统秧歌领头人的形象被丑化了，"最初演那老太太的是个男同志，脸上画的红的，这地儿挂两个辣椒当耳环，都丑化了"。[①]

鲁艺学员在传统秧歌的基础上进行了改进，创作出《兄妹开荒》等经典秧歌剧。《兄妹开荒》这台秧歌剧是根据开荒模范马丕恩父女的事迹编写的，第一次采用了秧歌这种当地老百姓喜欢的形式，摒弃了旧秧歌中的丑角以及男女调情的成分，代之以新型的农民形象和欢乐的劳动场面。

鲁艺戏剧系学员李波至今还能回忆起当时的热闹场面：

在这个时候，党中央下了一个动员令，动员全边区的军民统统起来搞生产大运动。那个山头上、山沟里才热闹呢，早上起来，鸡叫头遍的时候人们就起来到地里开荒去了，我们当时那个《兄妹开荒》就是想把大生产中涌现出来的很多劳动英雄、生产模范反映一下。

预演的时候，周扬同志看了就拍手叫好，他说："好好，你们出去，走出学校，到桥儿沟先给老百姓看。"所以我们就到了桥儿沟了，老百姓一看也特别高兴，对我的唱特别叫好，为什么？他们听得清楚，是他们陕北样儿的。[②]

当年，《兄妹开荒》一经演出立刻风靡延安。当时在延安的各个文艺团体也纷纷跟进，他们认为他们真正贴近工农兵了。鲁艺实验剧团导演张水华感慨道：这个是完全表现边区的劳动生活，表现边区劳动人民的那一种没有压迫、没有剥削、自由劳动的情绪。像作家、艺术家，不得了，《兄妹开荒》都是最高的演员，现在都穿上农民的服装，我为什么流眼泪，我这是真正的人民了。

---

① 参见中央电视台等：《大鲁艺》，中国民主法制出版社 2014 年版。

② 参见中央电视台等：《大鲁艺》，中国民主法制出版社 2014 年版。

张水华（1916—1995）
江苏省南京市人，电影艺术家。1934年加入左翼戏剧联盟。抗战爆发后，加入了共产党领导的上海救亡演剧四队，为鼓舞广大军民的斗志，常年做巡回演出。1940年赴延安，在鲁艺实验剧团任导演。曾和王滨联合导演了反映十月革命的苏联名剧《带枪的人》，受到热烈欢迎。1947年任合江鲁艺文工团团长。曾与王滨联合执导了剧情电影《白毛女》等作品。

柯仲平本来对鲁艺有很多意见，说鲁艺是"关门提高"，脱离工农兵，他看到这个节目以后，跳起来了。他老人家跳起来了，胡子那么长，大叫："这下鲁艺搞对了！"毛泽东看后也欣慰地说，鲁艺秧歌队"有一点为工农兵服务的样子了"。①

1943年春节，毛泽东在杨家岭接见向中共中央拜年的农民秧歌队。由于鲁艺宣传队演出的秧歌，内容主要是宣传拥军家属、拥政爱民，歌唱边区的新人新事，赞扬生产模范，批评"二流子"懒汉，形式上也与过去农民闹社火时表演的秧歌有所不同，所以被老乡们称为"新秧歌""斗争秧歌"，受到老乡的热烈欢迎。

于蓝回忆：后来下乡参加这种秧歌剧，一兴起秧歌全延安都欢迎，老乡跟你在这儿，你走到哪儿，他也跟着你到哪儿。你走，他又跟你去了，就是大家都非常渴望这种精神食粮。

"鲁艺家"的秧歌在延安名声大振。毛泽东、周恩来、朱德、任弼时、陈云等人观看了《兄妹开荒》《二流子变英雄》等节目。毛泽东边看边点头笑着说："这还像个为工农兵服务的样子。你们觉得怎样？"朱德说："不错，今年的节目和往年大不同了！

---

① 参见中央电视台等：《大鲁艺》，中国民主法制出版社2014年版。

《白毛女》的创作

1942年5月，毛泽东发表《在延安文艺座谈会上的讲话》，提出文艺不是超阶级的，文艺要和工农兵群众结合。为响应号召，鲁艺的同志们开始去乡下，深入群众，到各地采风。1944年年初，以周巍峙为团长的西北战地服务团从晋察冀边区回到延安，归入鲁艺的编制，团员也都被分配到了各个系里工作或学习。有一天，周巍峙同志带着邵子南向院长周扬汇报工作，邵子南当时讲了晋察冀关于「白毛仙姑」的一个民间传奇故事。周扬听完后高兴地说，很好很好，这个题材可以搞一个秧歌剧。那时鲁艺已经出现了一些中型秧歌剧，但还没有大型剧目。于是，《白毛女》这个题材就被定为大型的、民族的、革命的新歌剧。组织决定由贺敬之同志执笔，创作这个『旧社会把人变成鬼，新社会把鬼变成人』的剧目。《白毛女》将强烈的浪漫主义精神和共产党的阶级斗争理论结合在一起，成为解放区文艺代表作，迅速风靡各个解放区。

革命的文艺创作，就是要密切结合政治运动和生产斗争啊！"①

传统秧歌经过鲁艺人的改造，有了新的内容和新的形式，焕发了新的生机。在鲁艺秧歌队的带领下，各种深入生活、面向群众的秧歌剧纷纷出炉，"新秧歌运动"红红火火地开展起来。

地处黄土高原深处的陕北地区，是历史悠久的民歌之乡，这里不但流行秦腔、眉户戏等地方曲艺，更以粗犷热烈的"信天游"闻名于世。阳春白雪与下里巴人有了碰撞。孟于所在声乐系开始学民歌了：请老师教陕北民歌，学秦腔，学眉户。"许翠莲好羞惭，悔不该门前做针线。"（唱秦腔）

1943年春天，李波、马可、刘炽、张鲁、关鹤童组成的音乐小组深入陇东、米脂一带收集民歌。4个月里，他们采集民歌400多首，并以眉户戏的调式和旋律，创作出一批表现边区新生活的歌曲，被称为"眉户五人团"。

1943年12月2日，以张庚为团长的鲁艺工作团再次来到绥

① 参见中央电视台等：《大鲁艺》，中国民主法制出版社2014年版。

马可（1918—1976）

江苏徐州人，作曲家。1935 年在河南大学化学系学习，同年参加「一二·九」运动，后在冼星海的感召和引导下，参加河南抗敌后援会巡回演剧第三队。1939 年抵达延安，在鲁迅艺术学院音乐工作团工作、学习，得到冼星海、吕骥等人的指导，记录、整理过大量民族音乐资料，后在东北解放区从事音乐活动，新中国成立后任中国音乐学院副院长。一生写作了两百多首（部）音乐作品，其中以歌曲《南泥湾》《我们是民主青年》《咱们工人有力量》《吕梁山大合唱》，秧歌剧《夫妻识字》，歌剧《周子山》（与张鲁、刘炽合作）、《小二黑结婚》等流传最为广泛。

贺抒玉（1928—　）

原名贺鸿钧，1928 年生，陕西米脂县人，中共党员。1942 年毛泽东发表了《在延安文艺座谈会上的讲话》，整个陕甘宁边区都在学习讲话精神。当时绥德地委书记习仲勋非常重视文化，倡议成立绥德分区文工团，贺抒玉被选入文工团。历任文工团演员、创作员、研究员、西北文联创作室创作员，《延河》杂志编委、副主编。陕西省作家协会常务理事、主席团委员，陕西省延安文艺学会理事。

德地区的佳县、子洲、米脂采风。他们每到一处，都热情地为当地群众演出，并根据各地的情况和特点收集素材、编排新节目，受到了群众的热烈欢迎。

绥德文工团成员贺抒玉回忆：我们的戏农民喜欢看，都是他们当地的事儿，也有传统的秦腔剧，所以我们的演出每天都是到处来请，说这是毛主席的文工团。

荆蓝，1943 年的时候她还是一个不到 15 岁的绥德师范学生。她被学校派去跟鲁艺工作团一齐下乡演出。去米脂时，遇上米脂下大雪，路很滑，离米脂还有十多里地时，老百姓锣鼓喧天地出来迎接。至今她还记得，有一天晚上演《血泪仇》时，几十里外的乡亲们赶来看演出时的情景：台底下安静极了，山坡上也是人，广场上也是人，老百姓都掉泪，刘炽一边吹着也掉泪。好几个演员也都在那儿眼泪汪汪地看着，老百姓在台底下，反应非常强烈。鲁艺工作团这次下乡历时 5 个多月，和当地群众同吃同住，完全没有了艺术家的架子。延安子洲双庙湾村民刘俊皋发现，他们"吃

艾青（1910—1996）

出生于浙江金华，现当代文学家、诗人。1928年中学毕业后考入国立杭州西湖艺术院。1933年第一次用笔名艾青发表长诗《大堰河——我的保姆》。1932年在上海加入中国左翼美术家联盟，从事革命文艺活动。1935年，出版了第一本诗集《大堰河》。1979年任中国作家协会副主席、国际笔会中心副会长等职。1985年获法国文学艺术最高勋章。

的和老百姓一样，他们自己找个住的地方，但是他们活动的时候到了哪个老百姓家，就和哪家的老百姓同甘苦、共患难，在一搭儿吃饭"。

　　格调蓝（格）盈盈天，

　　飘来一个大大云，

　　三哥哥今天要出远门，

　　山川秀，

　　天地平，

　　毛主席来到咱陕甘宁，

　　领导咱穷人闹翻身，

　　呼儿嘿哟，

　　咱们边区一片红，

　　……

　　这首歌曲是陕北佳县农民李有源根据陕北民歌《骑白马》曲调创作的。一天傍晚，来到山城佳县的马可听到这首民歌，他迫不及待地记录下了这首歌的词、谱。经过整理后，一首《东方红》很快就从陕北唱响解放区，唱遍全中国。

　　1943年2月，曾为寻找"韩荆州"而犯愁的艾青，创作了600多行的叙事长诗《吴满有》。他在诗后写了一个附记，说自己向吴满有当面征求意见时，把诗一句一句念给他听，从他的表情来观察他接受的程度。原有一句"人们叫你老来红",因为他非常不喜欢,就删掉了。也正因为找到了边区的"韩荆州",写出了这样的作品,艾青后来被评为陕甘宁边区甲等模范工作者。

1945年12月,毛泽东阔别近20年的长子毛岸英,从苏联来到延安。然而没过几天,毛泽东就把毛岸英送到陕北农村,在这个"劳动大学"里学习社会知识,熟悉农村情况。毛泽东还嘱咐毛岸英:要老老实实地锻炼,要和群众打成一片,生活上不要有任何特殊,"见了年龄大的人要叫爷爷或者叔叔,和你差不多大的要称兄道弟"。

毛岸英在"劳动大学"的老师,也就是艾青找到的"韩荆州",农民吴满有。一年之后,毛岸英再次回到毛泽东身边。毛泽东指着他手上的老茧说:这就是你学农最好的毕业证。

这个最好的毕业证,正是共产党人深深扎根群众的最好见证。

毛泽东在中共七大上指出外来的知识分子和陕北老百姓一块儿扭起秧歌来了。从前老百姓见了他们是敬鬼神而远之,现在是打成一片了。与老百姓们打成一片的文艺工作者们,不但丰富了老百姓们的娱乐生活,还把党的思想、执政理念传播到群众中去。他们活学活用,很多军事、政治、经济以及社会上的新问题、新现象都成为他们的基本素材;针对老百姓的犹疑,他们以贴近民间、通俗易懂且幽默的方式进行了表达,消除了人们的疑虑,拉近了群众与党、政府和军队的距离,并获得他们的支持与认可。

"全心全意为人民服务"

1936年8月,中央委派23岁的习仲勋担任中共关中分委书记,守卫陕甘宁边区的南大门。在长达6年的时间里,习仲勋深入基层,关心群众,受到关中父老乡亲的信赖和拥戴。1942年秋召开的西北局高干会议上，党组织称赞他是"党的宝贵的群众领袖"。这份至今保存在习仲勋档案中的组织材料写道：

习仲勋是关中分区特委书记、专员及部队的政治委员，统一领导关中的党政军民，坚持保卫边区和建设新关中，曾获得显著成绩。凡是关中的人民，无论大人和小孩都知道他，都喜欢他。

为了表彰这位模范干部，1943 年 1 月，毛泽东亲笔为习仲勋书写"党的利益在第一位"的题词。一个月后，习仲勋调任绥德地委书记，肩负起边区北大门的治理任务。走上新的岗位，他首先想到的仍然是人民群众。他向地委机关工作人员提出，要一心一意"为 52 万群众服务"，还在全区司法会议上"约法三章"：把屁股端端地坐在老百姓的这一面；不当"官"和"老爷"；走出"衙门"，深入乡村。

正是因为切实关心人民利益，注重贯彻群众路线，习仲勋与刘志丹、谢子长等人在创建陕甘宁革命根据地的过程中，赢得了人民群众的真心拥护和坚决支持。中共中央和中央红军决定之所以将陕甘宁根据地作为长征的落脚点，一个重要因素就是这里的群众基础好。

也正因为在延安的 13 年里，广大党员干部都能够恪守为人民服务的宗旨，始终保持同人民群众的血肉联系，中国共产党犹如深深扎根于中华民族沃土的参天大树，迅猛生长，枝繁叶茂，挺拔耸立在黄土高原之上。

东方红，太阳升。

中国出了个毛泽东。

他为人民谋幸福，他是人民大救星。

从"咋不打死毛泽东"的咒骂，到歌颂毛泽东"是人民大救星"，陕北农民用自己的朴素感情，歌颂了共产党人"为人民服务"的政治本色。

"为人民服务"的精神，在张思德这位普通战士身上，得到

中共中央在延安：一个马克思主义政党的崛起

了充分的体现。

1944年9月5日，中央警卫团战士张思德，在安塞山中烧炭时因炭窑崩塌而牺牲。张思德，四川仪陇人，是1933年就参加红军的老同志。长征到陕北后，担任中央军委警卫营通讯班班长。1944年9月5日，他在离延安70多里路的安塞县石峡峪执行烧炭任务时，突然二米多厚的窑顶坍塌，不幸牺牲，年仅29岁。毛泽东闻报后亲自交代："一给张思德身上洗干净，换上新衣服；二搞口好棺材；三要开追悼会，我去讲话。"

9月8日，中央警卫团和中央机关1000多人，在凤凰山脚下枣园沟口的小操场上，为张思德——一个普通的士兵召开隆重的追悼会。毛泽东亲笔题写挽词"向为人民利益而牺牲的张思德同志致敬"。

毛泽东为张思德致悼词。他说："我们的共产党和共产党所领导的八路军、新四军，是革命的队伍。我们这个队伍完全是为着解放人民的，是彻底地为人民的利益工作的。张思德同志就是我们这个队伍中的一个同志。"他还说：人总是要死的，但死的意义有不同。中国古时候有个文学家叫作司马迁的说过："人固有一死，或重于泰山，或轻于鸿毛。"为人民利益而死，就比泰山还重；替法西斯卖力，替剥削人民和压迫人民的人去死，就比鸿毛还轻。张思德同志是为人民利益而死的，他的死是比泰山还要重的。

因为我们是为人民服务的，所以，我们如果有缺点，就不怕别人批评指出。不管是什么人，谁向我们指出都行。只要你说得对，我们就改正。你说的办法对人民有好处，我们就照你说的办。"精兵简政"这一条意见，就是党外人士李鼎铭先生提出来的，他提得好，对人民有好处，我们就采用了。只要我们为人民的利益坚持好的，为人民的利益改正错的，我们这个队伍就一定会兴旺起来。

毛泽东的这篇讲演，就是后来收入《毛泽东选集》的《为人民服务》。这篇文章，被公认为毛泽东著作中的经典，因为他对中国共产党根本宗旨作出了最简洁、最准确的表述。"为人民服务"观点，就像一面旗帜，永远召唤着共产党人努力向前。

一名普通战士的牺牲，为什么受到这样的重视？关键是因为他身上那种为人民服务的精神。这正是中国共产党立足陕甘宁边区及各根据地的基础。一年后的中共七大上，"全心全意为人民服务"写入党章。在 90 多年的岁月里，共产党全心全意为人民服务，也因此得到了人民群众全心全意的支持。延安人民用小米哺育了陕甘宁边区，中国人民用这样的行动支持共产党取得了最后的胜利。

彻底地为人民的利益，是共产党人与这块土地深度融合的本色。为人民服务，成为共产党人的信念和宗旨。"全心全意为人民服务"不是一句空洞的政治口号，而是共产党人的行动指南。中国共产党不仅以全心全意为人民服务为宗旨，而且将之作为衡量一切工作的标尺。

人民，是中国共产党实现政治理想的最根本力量，群众路线是党的生命线。人民与共产党，在这个激荡的岁月缔结为亲密无间的鱼水关系，他们以空前的智慧和热情，在陕北的延安进行了一场伟大的社会实验！

1944 年 9 月，冯玉祥在重庆总结国民党中原作战失利原因时指出：民主就是人民是主人的意思，这一点对军队尤其重要，我们中原之战的失利，就是由于军队得罪了主人所致。如果对民主有认识，就不应该把壮丁糟蹋为弱丁、病丁、死丁。中国先贤说过"军井未汲，将不言渴；军食未熟，将不言饥"，俗话也有"与士卒同甘苦"的话，我们现在带兵的人，统统没有做到。穿老百姓的，吃老百姓的，还不够，还想要穿洋货，那么失败也可说是报应了。今天如再没有很新的改革，亡国之痛，就在眼前。① 冯玉祥一语成谶，国民党的糟糕与狼狈在以后的日子里展现得更为淋漓尽致。

1945 年 7 月，第二次世界大战即将落下帷幕。英、美、苏三国在柏林郊外波茨坦举行首脑会议，商讨结束战争事宜。会议中途，丘吉尔回英国参加大选。然而，回来的已不是战功赫赫的丘吉尔，而是一位来自工党的新首相艾德礼。丘吉尔败选出乎包括他自己在内的所有人的意料，这个第二次世界大战中的领导者竟然输掉了竞选？就在大选前一刻，丘吉尔还认为，他拥有可能发挥作用的知识、影响乃至权威。他不相信自己会败选。

然而，人民却选择抛弃丘吉尔。伦敦政经学院教授艾尼·伯格一针见血地指出："尽管丘吉尔作为战争领导者赢得了胜利，但他的政策仍然是过去贵族的那些政策，或者至少是英国社会上层阶级的，而退伍士兵们想要一个全新的社会。"这让人想起西方的一句名言："有什么样的人民，就有什么样的政府。"在中国也有一句话，叫作"全心全意为人民服务"！

1949 年 10 月 1 日，中华人民共和国成立，中国历史翻开了新的一页。10 月 3 日，延安各界群众致电毛泽东，祝贺中央人民政府成立，发誓为建设陕北而奋斗。10 月 26 日，毛泽东回复他心中想念的陕北父老乡亲，说"延安和陕甘宁边区，从一九三六年到一九四八年，曾经是中共中央的所在地，曾经是中国人民解放斗争的总后方。延安和陕甘宁边区的人民对于全国人民是有伟大贡献的"。他还在电报中郑重地提出，"全国一切革命工作人员永远保持过去十余年间在延安和陕甘宁边区的工作人员中所具有的艰苦奋斗的作风"。

时隔 60 多年后，2012 年 11 月 15 日，在中共十八届一中全会上当选为新一届中央政治局常委习近平同中外记者见面时，围

---

① 参见全国政协办公厅干部培训中心编:《人民政协简明教程》，中国文史出版社 2008 年版。

绕党的宗旨和作风，明确提出两大课题：一是把人民对美好生活的向往作为党的奋斗目标；二是切实改进工作作风，密切联系群众。如此掷地有声的宣示，成为新一届中央领导集体的鲜明印记。细心的人会发现，这位新当选的中共中央总书记，曾将郑板桥的名诗《竹石》改动几个字，表达他在延安上山下乡时对党与人民群众血肉联系的体会："深入基层不放松，立根原在群众中。千磨万击还坚劲，任尔东西南北风。"深入基层，立根群众，才能站得住、立得稳，才能真正得到人民群众的拥护和支持，才能汇集起不可战胜的磅礴力量。

2016年7月1日，习近平在庆祝中国共产党成立95周年大会上的讲话中，深刻总结党的历史经验，进一步指出："人民立场是中国共产党的根本政治立场，是马克思主义政党区别于其他政党的显著标志。党与人民风雨同舟、生死与共，始终保持血肉联系，是党战胜一切困难和风险的根本保证，正所谓'得众则得国，失众则失国'。""全党同志要把人民放在心中最高位置，坚持全心全意为人民服务的根本宗旨，实现好、维护好、发展好最广大人民根本利益，把人民拥护不拥护、赞成不赞成、高兴不高兴、答应不答应作为衡量一切工作得失的根本标准，使我们党始终拥有不竭的力量源泉。"

| 第五章 |

严肃纪律:

"孙悟空头上的箍是金的，共产党的纪律是铁的"

吴起镇，中共中央和中央红军到达陕北的第一站。红军刚到这里时，老乡们以为又是"白军"来了，便扶老携幼躲进了山里。一些行动不便的老人，提心吊胆，守在家里。但他们很快发现，这支部队不擅闯人家，不抢夺财物，说话和和气气。由于南北方言差异，有人将"红军"听成了"方军"，还以为是被称为"奉军"的东北军来了。后来通过纸笔交流，才知道这是个误会。

赤安县六区一乡党支部书记刘景瑞回忆：这次中央红军突然到来，老百姓事先都不知道是红军，看见了那么多，以为又是"白军"来了。因此，扶老携幼急忙躲藏，只有一些老人和卧床的病人未躲藏。他们看见这些军队虽然服装破旧，脸色憔悴，可是和国民党军队大不相同。人那么多，不进民房，不随便吃老百姓一碗饭，一举一动都有秩序。他们说话虽然听不懂，但对人很和气。当地群众开始猜测着：莫非真的是老刘（刘志丹）经常讲的毛主席领导的红军来了吗？

当时已值深秋，中央红军指战员缺衣少粮。地方党组织立即组织乡亲们回家，准备急需物资慰问中央红军。在几天的时间里，周边的群众就送来了约5万公斤粮食，1000多头牲口。红军各连队按照市场价格，与乡亲们公平交易，不欠分文。

当时正值初冬，天气寒冷。中共中央和人民的军队，在百姓的帮助下，住上了能够遮风避雨的窑洞，吃上了热乎乎的小米粥，也看到了陕北老乡憨厚温暖的笑脸。

一支徒步走了二万五千里、衣衫褴褛的队伍，在陕北被奉为座上宾。共产党和红军战士们，真正感觉到家了。

走进吴起革命纪念馆，游客首先看到的就是院子里摆放的一口多处开裂的水缸。当年红军刚刚结束长征，物资匮乏，没有足够的锅做饭，就向当地村民张宪杰家借了水缸。但是不小心烧裂了，于是红军战士立即按照新水缸的价格，赔了两块银圆。张宪杰很感动，把烧裂的缸重新箍好，保存了下来。

80年过去了，"红军锅"已经成为红军讲纪律、守规矩的一个见证。正是靠着纪律和规矩，红军将士走过漫漫征程，胜利到达陕北；同样是靠着纪律和规矩，这支队伍在黄土地上站稳脚跟，发展壮大。

把纪律挺在前面

1937年秋天，发生了一起震惊整个陕甘宁边区的案件，一个名叫黄克功的团职军官，因为逼婚被拒绝，枪杀了一位陕北公学女学生。黄克功，江西南康人，十几岁就参加红军，跟随毛泽东经历了井冈山的斗争和二万五千里长征。

红军到达陕北后，黄克功进入抗日军政大学学习，随后留校任职。红军干部黄克功与一位陕北公学女生谈恋爱，后来因性格不合分手，黄克功仍然追求这位女生，遭到拒绝后，性格暴躁的黄克功一怒之下枪杀了年轻的姑娘。

案发后，黄克功被边区保安司令部关押。在随后的审讯中，他对枪杀事件供认不讳，被判死刑。黄克功不满这个判决，给老领导毛泽东写信，表示愿戴罪立功战死沙场。

当时社会舆论也出现两种观点：一种认为黄克功触犯法律，破坏纪律，应处以极刑，以平息民愤；另一种则认为，黄克功受过伤，立过功，而且人才难得，可以让他上抗日前线去，将功赎罪。抗大副校长罗瑞卿、边区高等法院刑庭审判长雷经天将这些情况，如实汇报毛泽东。

叶尚志回忆道：查来查去问到他，她就承认了，他是（个）老红军他不隐瞒，（黄克功说）当时谈得好好的，她反悔了，她不干了，那我就把她毙了。最后抓起来以后，轰动了抗大，是抗大的干部啊，轰动了延安。

这起案件，被国民党大加渲染，影响波及全国。曾经立过战功、走过长征的黄克功，被判处死刑。

黄克功曾经讲，我愿意在前线拼死去打日本人，行不行？不要枪毙。（孟波）

有的人就为他讲情，有好几个中央的老干部，要给他说情，让他改造，留他一条命吧！（叶尚志）

黄克功最终被判死刑，判决结果执行在即，审判长雷经天收到毛泽东的一封信，信中说："共产党与红军，对于自己的党员与红军成员不能不执行比较一般平民更加严格的纪律……一切共产党员，一切红军指战员，一切革命分子，都要以黄克功为前车之鉴。请你在公审会上，当着黄克功及到会群众，除宣布法庭判决外，并宣布我这封信。"

第二天，延安南门外的沙滩上，举行了群众公审大会。黄克功听完公审宣判和毛泽东致雷经天的信，心服口服，甘心伏法。

延河边一声枪响，黄克功为自己的错误付出了应有的代价。黄克功被依法处决后，陕甘宁边区群众称赞共产党："不诿罪于人，不枉法，公正无私，纪律严明，真是了不起。"几个月后，毛泽东在抗大的一次宴会上说：这叫作否定之否定。黄克功一粒子弹，否定了刘茜，违反了政策，破坏了群众影响；我们的一粒子弹，又否定了黄克功，坚持了政策，挽回了群众影响，而且使得群众更拥护我们了。

对黄克功依法执行枪决，说明不管你有什么功劳，不管你是什么职位，在纪律面前一律平等。纪律面前没有特权，对违法乱纪的行为绝不留情面，一定严惩不贷。对党员干部的违纪违法行为不严肃惩处，不仅会瓦解党的队伍、削弱党的战斗力，而且会严重破坏党在人民群众心目中的威望和形象。而且，对共产党员来说，党内对普通党员、对党员干部、对领导干部的要求，一级比一级严格。

延安时期的中国共产党，还只是一个年轻的政党，内外面对着不同的考验。

党内还存在不符马列主义思想的封建残余思想，党员的思想意识还不够纯洁。党员来自中国的各个阶层，有的来自农村，难免携带封建社会的不良风气，还有升官发财、自私自利等落后思想。尤其抗日民主统一战线建立后，党内的阶级成分更加复杂，除了工人、农民、城市小资产阶级，甚至一些地主、富农分子也混迹其中，难免泥沙俱下；此外，国民党又推行"溶共""限共"等政策，由杀头威逼改为利诱，在金钱美女、高官厚禄等糖衣炮弹的攻击下，有些党员被拉下水。党内出现了一些令人不安的迹象，如理想信念动摇、党员意识淡漠、工作松懈等。这引起以毛泽东同志为核心的党中央的注意。毛泽东在党的活动分子会议上指出，一些共产党员不愿意严格地接受共产党领导，羡慕资产阶级生活，以受国民党委任为荣耀。

靖边张家畔伊盟三营合作分社主任刘春景，私用公款 150 元，私用公物、私卖公物；延水县专区主席刘玉川，在一次群众借款里，私自贪污白票 100 余元；延水县专区粮食部部长高志良，在一次购买粮食中，私自贪污群众粮票 200 多元；延水永远区第五乡主席郝口芬、副主席温增禄等三人共同作弊，私藏羊 3 只，又埋藏公粮不报；甘泉县保安大队部管理员张怀富贪污公款124元，假造决算、假造报告，不按照该部队人数而多领伙食费……

这些不遵守政治规矩、政治纪律甚至违法犯罪的行为严重破坏了党的纪律和优良制度。

陕甘宁边区政府成立时，毛泽东强调："要以为人民服务为宗旨，以无私忘我的工作和廉洁勤俭的作风赢得人民的信任和支持。"边区政府牢记毛泽东同志的指示，不断加强廉政建设，使边区政府成为民主廉洁的模范政府。正如毛泽东在《论联合政府》中指出："利用抗战发国难财，官吏即商人，贪污成风，廉耻扫地，这是国民党区域的特色之一。艰苦奋斗，以身作则，工作之外，还要生产，奖励廉洁，禁绝贪污，这是中国解放区的特色之一。"①

追根溯源："三大纪律、八项注意"

1922年7月在上海召开的中共二大，讨论并通过了第一部《中国共产党章程》。尽管当时全国只有195名党员，但党章专列"纪律"一章，规定各地党组织"不得自定政策"，如果出现"言论行动有违背本党宣言、章程及大会各执行委员会之议决案""无故连续二次不到会""泄露本党秘密"等问题，一律予以开除党籍。

在创建井冈山革命根据地的艰苦环境中，毛泽东也没有急于扩大党的队伍，而是严把入党的纪律要求。1927年10月15日，在湖南酃县（今湖南省炎陵县）水口村叶家祠堂，毛泽东亲自主持了6名新党员的入党宣誓仪式。毛泽东确定的24字入党誓词，

---

① 参见《毛泽东选集》第三卷，人民出版社1991年版。

入党誓词的变迁

由于党在创立和成长的初期面临着严酷的革命斗争环境，入党誓词为捍卫党组织、保卫红色政权应运而生——永远跟党，永不叛党，为共产主义奋斗终生！

井冈山时期，毛泽东在加强党和红军建设时，入党誓词的最大特色是强调阶级斗争和对党忠诚——牺牲个人，努力革命，阶级斗争，服从组织，严守秘密，永不叛党。

抗日战争时期，入党誓词不再强调「阶级斗争」，其特色内容是「要作群众的模范」和「对党有信心」。

新中国成立前后的入党誓词没有统一规定，大多为自拟誓词。

1982年，党章中正式载入入党誓词，其第一章第六条明确规定：「预备党员必须面向党旗进行入党宣誓。誓词如下：我志愿加入中国共产党，拥护党的纲领，遵守党的章程，履行党员义务，执行党的决定，严守党的纪律，保守党的秘密，对党忠诚，积极工作，为共产主义奋斗终身，随时准备为党和人民牺牲一切，永不叛党。」党的十三大至十八大通过的党章都沿用、重申了这一内容。

郑重地写道："牺牲个人，努力革命，阶级斗争，服从组织，严守秘密，永不叛党。"

一份保存在福建长汀博物馆的入党誓词，更是将"纪律"一字贯彻始终：

以至诚加入中国共产党，愿永久遵守下列誓词：一、遵守党纲党章和纪律；二、绝对忠实为党工作永不叛党；三、保守党的秘密；四、服从党的一切决议；五、经常参加支部生活和活动；六、按时交纳党费。如有违上列各项愿受党的严厉纪律制裁。

尽管"党章"和"入党誓词"后来几经修改，但"纪律"的分量有增无减。"党章"关于"纪律"的规定越来越严格。立规矩，严纪律，把纪律和规矩挺在前面，使中国共产党与当时很多松散的政治团体有了根本区别，也使党在严酷的环境中生存下来并日益发展壮大。

革命军人个个要牢记，三大纪律八项注意：第一，一切行动听指挥，步调一致才能得胜利；第二，不拿群众一针一线，群众对我拥护又喜欢；第三，一切缴获要归公，努力减轻人民的负担。

『上门板』『捆铺草』

当时部队住宿，常借用老百姓的门板做铺板，借用稻草做垫草。各家的门高矮大小不一，部队撤走时不物归原主，一大堆门板就对不上榫，故规定了『上门板』『捆铺草』。

三大纪律我们要做到，八项注意切莫忘记了；

……

这首歌，就是人们熟知的《三大纪律八项注意》。它也是在井冈山革命斗争中形成的，刚开始叫"三大纪律、六项注意"。

1927年10月下旬，毛泽东在工农革命军登上井冈山前讲话称："如果没有群众的支持，根据地是建立不起来的。"他宣布了三项纪律：第一，行动听指挥；第二，打土豪款子要归公；第三，不拿老百姓一个红薯。①

1928年夏，毛泽东又补充了"六项注意"：一、上门板；二、捆铺草；三、说话和气；四、买卖公平；五、借东西要还；六、损坏东西要赔。"三大纪律六项注意"不断修改、补充，"不拿老百姓一个红薯"改成了"不拿群众一针一线"，"六项注意"又增加了两项注意，即"洗澡避女人""不搜俘虏腰包"，"六项注意"变成"八项注意"。

部队的战士们严格遵守三大纪律、八项注意：

在征粮的时候有时候没有粮食，要动老百姓的粮食怎么办？他们就统一打了一封信，就是讲我们是红军，我们没有粮食，动

---

① 参见中共中央文献研究室编、金冲及主编：《毛泽东传（1893—1949）》，中央文献出版社1996年版。

鱼大水小

毛泽东曾说：『假若我们缩小自己的机构，使机构适合战争的情况，我们就将显得越发有力量……』

一个现代成语，比喻生产不够消费。也比喻机构臃肿，行动不灵。

鱼大水小的矛盾，使我们的战争的机构虽然小了，仍然是有力的，而因克服了鱼大水小的矛盾，使我们的战争机构适合战争的情况，我们就将显得越发有力量……

双拥

双拥，是拥军优属、拥政爱民的简称，是在中国共产党的领导下，以巩固和加强军政军民团结为主旨，组织发动全国军民为中国革命、建设和改革事业团结奋斗的一项社会活动。它深刻反映了中国军民鱼水情和血肉相连的本质特征，生动体现了党的宗旨、国家的性质和人民军队的本色，是中国共产党、国家和军队的优良传统和特有的政治优势。

用了你什么什么东西，按照市价我要给你多少多少钱，然后把钱存在这个地方。（刘松柏）

1937 年国民党的军队到了我的家乡，住在村里面叫我们给他挖战壕。我爷爷已经八九十岁了，家里有一点大米。他们找好几次，非要吃我爷爷这点大米，我奶奶就说，你给我们留一点儿吧。他就不想留，说叫吃也得吃，不叫吃也得吃，这是国民党同老百姓的关系；而我们呢？主席、党中央不断教导我们要遵守"三大纪律八项注意"。（石国瑞）

三大纪律、八项注意，都是老百姓的话，没有什么大道理。但正是严格执行了这样的纪律和规矩，党和红军才赢得了老百姓的拥护和支持，在井冈山点燃了中国革命的燎原星火。

进入陕北，共产党的军队严格遵守三大纪律、八项注意，当地百姓看在眼里，记在心里：

俺们家有个桃园，桃园可大了，先是警卫员，之后是中央的家属等（都来看桃园）。当兵"三大纪律"也严得很，也不践踏庄稼也不吃你的东西。俺们家有棵桃树能摘 8 担桃子，那棵桃树上的桃子又红又大，警卫员把中央领导人的家属带来摘桃子，摘完后说要给俺们钱，给的钱只多不少。（尚宏恩）

（军队）纪律可好了，一般不轻易来百姓家里，除非有事才

会来打扰一下。（冯继祖）

办事公正，不拿群众一针一线，吃东西不白吃人家一口，和一般队伍都不一样。（张生章）

随着中共中央、中央红军移师延安，久而久之，延安渐渐形成"鱼大水小"的不利局面。军民矛盾开始加大，军民争利事件时有发生。

1943 年 1 月，陕甘宁边区政府公布实施了《陕甘宁边区调整军政民关系维护革命秩序暂行办法》，共 8 条内容。规定地方党政人员要尊重抗日军人权利，军人应该尊重人民权利，绝对禁止非法捕人、罚款、打人、骂人等行为。同日，陕甘宁边区政府还下发了《陕甘宁边区政府关于拥护军队的决定》和《陕甘宁边区政府关于拥军运动月的指示》，号召人民群众订立拥军优抗公约，对驻军及军烈属定期慰问和实行各项照顾。原本隔岸相对的两样心事，因为有了彩虹，彼岸就成了此岸。这项举措成全了一项伟大的创举——一项持续活动时间最长的吉尼斯世界纪录——"双拥活动"。

"腐败不清除，苏维埃旗帜就打不下去"

1931 年 11 月，第一次全国苏维埃代表大会在红都瑞金举行，宣布成立中华苏维埃共和国临时中央政府。在临时中央政府下面，成立了由何叔衡担任部长的中央工农检察部。从这个时候开始，党风廉政建设和反腐败斗争成为党的建设的重要内容。

谢步升，今天已是一个陌生的名字。但在 80 多年前的中央苏区，他用自己的违法乱纪行为，引发了中国共产党惩治腐败分子的第一枪。

谢步升，瑞金县九区叶坪乡人，1929 年参加工农武装暴动，

1930 年加入中国共产党，并任叶坪村苏维埃政府主席。叶坪村是临时中央政府和苏区中央局驻地，所以谢步升这位叶坪村苏维埃政府主席，在当时颇有声望。但他没有珍惜为党工作的机会，而是利用职权谋取私利。他贪污打土豪所得财物，还利用工作之便，偷盖临时中央政府管理科的公章，伪造出入"苏区"的通行证，偷运物资到"白区"出售。

当时，谢步升将"苏区"的水牛贩到"白区"出售，每头获利大洋 3 元。他为了掠取他人的钱财，还秘密杀害了南昌起义南下部队的一名军医。谢步升个人的生活也很堕落，与瑞金大地主谢益金的续弦汪彩凤勾搭成奸。他嫌自己的妻子杨氏碍手碍脚，把她卖给邻村一个老光棍儿做老婆，杨氏只能跑回娘家躲了起来。调查人员找到杨氏后，又发现了谢步升更多的贪污犯罪事实。

谢步升案发后，查办工作遭到人为的阻碍。谢步升的入党介绍人、在苏区中央局任职的谢春山，认为谢步升并无大错，而是调查员故意发难。时任瑞金县委书记的邓小平知道后，拍着桌子说："我们苏维埃政权建立才几个月，有的干部就腐化堕落，贪赃枉法，这叫人民怎样相信我们的党，相信我们的政府？""像谢步升这样的贪污腐化分子不处理，我这个县委书记怎么向人民群众交代？"

调查人员向毛泽东汇报情况后，他当即指示："腐败不清除，苏维埃旗帜就打不下去，共产党就会失去威望和民心！与贪污腐化作斗争，是我们共产党人的天职，谁也阻挡不了！"

在毛泽东和邓小平的支持下，谢步升案很快水落石出。1932 年 5 月 5 日，瑞金县苏维埃裁判部对谢步升进行公审判决，判处谢步升死刑。谢步升不服，向中华苏维埃共和国临时最高法庭提出上诉。5 月 9 日，临时最高法庭二审终审判决，维持原判，"把谢步升处以枪决，并没收谢步升个人的一切财产"。当天下午，谢步升在红都瑞金伏法，成为中国共产党反腐败历史上枪决的第一个贪腐分子。

为了引起党政干部对贪污腐化的警惕，1933年12月15日，中华苏维埃共和国中央执行委员会颁布了《中华苏维埃共和国关于惩治贪污浪费行为的训令》，规定苏维埃机关、国营企业及公共团体的工作人员，贪污公款500元以上，处以死刑；贪污公款300元至500元，处以2年以上5年以下监禁。

这个《训令》犹如一把利剑，高悬在根据地的上空。当时的民间歌谣，这样唱道："《训令》如霹雳，震得天地响。蛀虫再狡猾，休想走过场。"

到了延安，中国共产党汲取中央苏区时期的经验教训，对惩治贪污、廉洁奉公的要求更加严格。1938年8月15日，陕甘宁边区政府颁布了《陕甘宁边区惩治贪污暂行条例》。

《条例》规定，有以下行为之一，都以贪污论罪：一、克扣或截留应发给或缴纳之财物者；二、买卖公用物品从中舞弊者；三、盗窃侵吞公有财物者；四、强占强征或强募财物者；五、意在图利贩运违禁或漏税物品者；六、擅移公款作为私人赢利者；七、违法收募税捐者；八、伪造或虚报收支账目者；九、勒索敲诈、收受贿赂者；十、为私人利益而浪费公有之财物者。

《条例》还具体规定了量刑的标准：贪污500元以上，处死刑或5年以上有期徒刑；贪污300元至500元，处3年至5年有期徒刑；贪污100元至300元，处1年至3年有期徒刑；贪污100元以下，处1年以下有期徒刑或苦役。

早在1926年8月，中国共产党就颁发了《关于坚决清洗贪污腐化分子的通告》，这是我们党反贪污腐化的第一个文件。从中央苏区的《中华苏维埃共和国关于惩治贪污浪费行为的训令》，到陕甘宁边区政府的《陕甘宁边区惩治贪污暂行条例》，可以看出党越来越重视反腐败斗争，相关纪律和法规也越来越系统。《陕甘宁边区施政纲领》这部具有宪法性质的文献再次明确规定："厉行廉洁政治，严惩公务人员之贪污行为，禁止任何公务人员假公济私之行为，共产党员有犯法者从重治罪。"

揭发每一个贪污事件

物品相对丰富，商业相对繁荣。历经太多艰辛的共产党人，开始面对一个新的课题——贪污。

早在1941年11月陕甘宁边区第二届参议会通过的《陕甘宁边区施政纲领》就强调厉行廉洁政治，严惩公务人员的贪污行为，禁止任何公务人员假公济私的行为，共产党员有犯法者从重治罪。国民党颁布的《公务员服务法》也有相关的条款：公务员必须严格要求自己，公务员应诚实清廉，谨慎勤勉，不得有骄姿、赌博、吸食烟毒等足以损失名誉之行为；公务员应遵守纪律，不得假借权力以图本身或他人的利益。

或许从字面上就能比较出两党对政府工作人员要求约束的差异。国民党一方是一般性的要求和训诫，而共产党一方却用的是"严惩""禁止""从重治罪"这些分量很重的限制词，同时也极具感情色彩。正是这些对人民充满感情的施政条文，才获得了陕甘宁边区人民对政府的由衷信任。

在延安工作的何理良回忆：

我们在延安所有的收入，凡是不是自己的津贴，或者不是自己的产品所得，都交公。总司令说了，我们现在有些钱了，但是不许贪污，在那时候就提出来，不许贪污……我就想起总司令当时总是教导我们，一个就是要廉洁，一个就是不许有拜金主义，当时就非常注意教育我们的干部要廉洁。

"干部要廉洁"的警示绝非多余，肖玉璧案就是例证。

1941年冬，靖边县张家畔税务分局局长肖玉璧因贪污3050

何理良（1921— ）

原国务院副总理兼外交部部长黄华的夫人。1940年参加革命，1945年毕业于延安俄文学校，1958年毕业于莫斯科国立国际关系学院历史系。曾任外交部国际司副司长、全国政协委员和全国妇联执委等职。

中共中央在延安：一个马克思主义政党的崛起

元（边币）公款，被陕甘宁边区高等法院依法判处死刑。肖玉璧是个老革命，功劳卓著。

毛泽东刚到延安不久，就认识了肖玉璧。有一天，毛泽东去边区医院看望八路军伤病员时，见到了病床上的肖玉璧。此时的肖玉璧，因为营养不足，有气无力、骨瘦如柴。心情沉重的毛泽东，让警卫员将自己的取奶证交给医生，让他每天清早到中央机关管理处取奶。当时，边区物资严重匮乏，为保证毛泽东身体健康，中央特批给他每天半斤牛奶，凭证领取。

经过一段时间的休养，肖玉璧恢复了健康，被组织上安排到张家畔税务分局出任局长。然而，肖玉璧上任后，以功臣自居，急速堕落。他利用职权，采用多收少报的方法欺瞒组织，贪污挪用公款，总数达到3050元（边币）。在陕甘宁边区经济最困难的时期，肖玉璧暗地里做生意，倒卖根据地奇缺的食油、面粉，影响极坏。

肖玉璧案发后，潜逃了几个月，最终被捕，被陕甘宁边区政府依法判处死刑。到这个时候，他还不服气地说："不就贪污几千块钱吗，就判我死刑，这也太重了！我要给毛主席写信！"林伯渠把肖玉璧的信转交给毛泽东，请示毛泽东的意见。当时边区干部队伍中一度出现了贪污腐化的苗头，犯罪率达到了5%，此风不刹，无以正民众视听。毛泽东告诉边区政府主席林伯渠："我完全拥护法院判决。"毛泽东了解情况后说:"你还记得我怎样对待黄克功吧,这次和那次一样,我完全拥护法院判决。"

1941年12月,曾为革命立下赫赫战功的肖玉璧,变成了当时边区最大的贪污犯,被执行了枪决。枪决肖玉璧,震惊了整个边区。1942年1月5日,中共中央机关报《解放日报》专门就此发表社论,号召广大军民抓紧揭发每一个贪污事件,我们一定要做到,在"廉洁政治"的地面上,不容许有一个肖玉璧式的莠草生长!有了,就拔掉它!

为保证政权工作人员的清正廉洁,林伯渠、谢觉哉制定了相关法规与监督机制。《陕甘宁边区施政纲领》规定:人民则有用无论何种方式控告任何公务人员非法行为之权利。边区政权工作人员主动接受人民的监督,力求把边区政府建设为清正廉洁的政府。边区参议会和政府还把"俸以养廉"原则写入《陕甘宁边区施政纲领》,称保证公务人员及其家属必需的物质生活和充分的文化娱乐生活。从中央委员到各县、区的工作人员不发薪俸,实行津贴制度。生活费为每人每天1斤4两小米(16两为1斤),3分钱菜金。1941年前,中央委员、政府主席、委员、厅长等,每月津贴费5元;分区专员4元;县长2.5元;一般工作人员1元或1.5元。办公费:县府每月12元,分区为15元,边区政府为30元。①

1937年,林伯渠和谢觉哉联名发出通知,要求保持苏维埃红军刻苦节约的传统作风,防止浪费腐化的习气侵入,公私费用必须"严格分开",一切私人费用,均"不能入公家账",禁止"办高价酒席"。

毛泽东在生活上关照肖玉璧,在纪律上处分肖玉璧,体现了共产党人在赏罚上的分明。据不完全统计,从1937年至1941年6

---

① 参见李世明:《延安精神》,中共党史出版社2012年版。

月，陕甘宁边区20个县审理了235起贪污案件。边区政府在惩治贪污上的坚决性和严肃性，大大提高了边区政府在人民中的威望。当时，晋西北、晋察冀、晋冀鲁豫等抗日根据地都参照陕甘宁边区政府的《陕甘宁边区惩治贪污暂行条例》，颁布了类似的条例规定。这对于防止贪污浪费、肃清贪污分子、建设廉洁政府，对于赢得人民群众拥护，取得抗日战争胜利，发挥了重要作用。

在陕甘宁边区，肖玉璧案的案件只是特例。在延安，王仲方发现贪污也并不常见：我在延安这8年，我只参加过一次审判。当时来讲我几乎很少听见。你贪污什么？没有什么公费，国家没给你多少钱，都是现吃的，粮食、衣服，都是发下来的，所以贪污的可能性很小。但是后来有一部分人去做生意，办合作社，这时候可能接触钱的人有极少数人有贪污。在延安来讲贪污问题不是个大问题。

"其身正，不令而行。"领导干部特别是主要领导干部发挥表率作用，对加强纪律建设至关重要。

与寥寥的贪污形成明显对比的是，从中共中央到陕甘宁边区政府，克己奉公的典型，却层出不穷。

一天下午，八路军延安留守兵团司令员萧劲光，去毛泽东的

萧劲光（1903—1989）
湖南省长沙人，人民海军的主要创建者，中国人民解放军开国十大将军之一。在国内革命战争、抗日战争、解放战争、中华人民共和国成立前后均担任要职。

窑洞汇报拥军爱民工作。萧劲光发现毛泽东盖着被子在炕上读文件，以为他生病了。毛泽东笑着指指地下的火盆说："棉裤洗了，还没烤干，起不了床，起来就要光屁股了！"

萧劲光心里不是滋味，堂堂党的领袖只有一条棉裤。他指示警卫员，赶快到兵团的军需仓库领一床被子和一套棉衣。但毛泽东断然制止了，说"我若要搞特殊，讲的话就没人听了"，他还告诫萧劲光：共产党人绝不能搞特殊，一丝一毫也不能多占！

在很多延安人的印象里，毛泽东的衣服旧旧的。

据陈玉英等人回忆，毛主席穿着个棉鞋，大窟窿小窟窿的，麻布制成的衣服，袖口和裤腿上补丁摞着补丁。毛主席的饮食也是清淡简单的。王仲方曾到毛主席家里吃过"小灶"，吃的是土豆，他发现，"如果说在饮食上有区别的话，那唯一的区别就是，主席吃的是土豆丝，我们平时吃的是土豆块"。①

斯诺在保安看到了毛泽东所住的窑洞，如此感慨一个党和军队的重要领导人的清贫：

做了10年红军领袖，千百次没收了地主、官僚和税吏的财产，他所有的财物却依然是一卷铺盖、几件随身衣物——包括两套布制服。他虽然除了主席以外还是红军的一个指挥员，他所佩的领

---

① 参见中央电视台等：《大鲁艺》，中国民主法制出版社2014年版。

章，也不过是普通红军战士所佩的两条红领章。①

1943 年 4 月，毛泽东复信中央宣传部副部长凯丰，对宣传自己思想和为自己庆祝 50 岁生日提出看法："我的思想（马列）自觉没有成熟，还是学习时候，不是鼓吹时候；要鼓吹只宜以某些片断去鼓吹（例如整风文件中的几件），不宜当作体系去鼓吹，因我的体系还没有成熟。"并告知凯丰，决定不过生日。

而蒋介石 50 岁寿辰时，却在南京明故宫前搭台庆贺，大操大办，并发动全国募捐，为其献机祝寿，甚至动用飞机在空中组成"中正"字样，美其名曰：鼓舞国人。

毛泽东自觉严格遵守纪律，对自己的家属同样如此。毛岸英刚到延安时，住在陕甘宁晋绥联防司令部。部队考虑到他长期在苏联，吃不惯延安的小米饭和大烩菜，没有安排他与战士们一起在大灶用餐，而是在干部的中灶吃饭，两菜一汤，主食是细粮。毛泽东知道后，立即把毛岸英叫来训话，说：你妹妹李讷都在大灶吃饭，你这么大了，还要提醒吗？毛岸英知错就改，搬到大灶用餐了。

经过连续几个月的调查，斯诺发现，共产党普遍生活简朴。譬如彭德怀，这个身经百战的军队司令员，当时指挥部内各项条件非常简陋：不过是一间简单的屋子，内设一张桌子和一条板凳，两只铁制的文件箱，红军自绘的地图，一部野战电话，一条毛巾，一个脸盆，和铺了他的毯子的炕。他同部下一样，只有两套制服，他们都不佩军衔领章。他有一件个人衣服，孩子气地感到很得意，那是在长征途中击下敌机后用缴获的降落伞做的背心。

在陕甘宁边区政府，林伯渠、谢觉哉是勤俭廉洁的表率。林伯渠作为陕甘宁边区政府主席仅用一孔窑洞，全部家当就是一堆书和一个铺盖卷。他每月 5 元的津贴，只签个字就把钱转到

① 参见［美］埃德加·斯诺：《西行漫记》，董乐山译，东方出版社 2010 年版。

救亡室；1943 年大生产运动中，谢觉哉制订了个人生产节约计划：

1. 建议总务处设公务马匹，我的两匹马加入，估计一年内有 10 个月可供公家生产用。

2. 每月 10 盒待客烟不要。

3. 衣服、鞋子、被单不领。

4. 种地 1 分，种植西红柿 20 株、茄子 20 株、秋白菜 100 棵。

5. 晒腌小菜 100 斤。

一次，林伯渠身边工作人员看到他穿了多年的棉衣，已经难以御寒，就为他领了一套新的。林伯渠却以边区物资困难为由，坚决没有同意。在大生产运动中，他还把自己的生产节约计划公布在报纸上，让大家监督，看是不是放空炮。

最让人感慨的是，林伯渠的眼镜腿儿断了一条。但他自己拴了一根绒绳，继续使用了很长时间。林伯渠严于律己、艰苦奋斗的精神，备受边区群众的赞扬，称他是"革命先锋一老牛"。

就是依靠这样的纪律自觉，林伯渠领导边区军民，克服极其艰苦的条件，积极贯彻中央的各项政策，把边区建设成为模范抗日根据地。

中共中央以及边区各级领导，其廉洁奉公和无私无畏，为公众树立了清廉的政府形象。正如朱德在 1946 年所讲，"只见公仆不见官"。

无条件地服从组织

延安时期是党的大发展时期，但党员人数增加了，队伍壮大了，党员的成分和思想状况很自然地也比过去变得更为复杂了。时任中央组织部部长的陈云清楚地看到了这个问题："这些新党员极大部分是散漫的小资产阶级的成分。他们为追求真理，愿意为共产主义奋斗，加入了共产党，我们欢迎他们。但是，他们之中的许多人还带着浓厚的非无产阶级的思想和习惯。"1938年春，他在抗大以《怎样做一个革命者》为题的报告中说：做一个革命者，就要准备为革命奋斗到底。什么叫到底？就是到人死的时候，上海话叫"翘辫子"的时候。因此，做革命者，第一要了解革命道理；第二要做好长期苦干的准备；第三要有牺牲精神，不怕铁窗、杀头，也不为名利和升官发财。在个人利益与革命利益相矛盾时，要服从革命利益。

服从革命利益，不仅体现在不贪污腐败、不违法乱纪，而且体现在无条件地服从组织。对此，毛泽东打比方说，孙悟空头上的箍是金的，共产党的纪律是铁的，比金箍还厉害。身为党员，铁的纪律非执行不可，这就是"认真"，就是"霸道"。

刘力功，这位奔赴延安的知识分子，很快就见识到了什么是"认真"，什么是"霸道"。他在1938年加入中国共产党，先后在抗大和中央党校训练班学习。毕业时，党组织认为刘力功"非常自高自大，有不少共产党员所不应有的观点"，又是工作无经验的新党员，决定让他到基层去锻炼。但刘力功却坚持要进马列学院学习，或回原籍工作，否则就退党。

陈云和党组织其他同志与刘力功谈了七次话，帮助他认识基层锻炼的重要性和组织分配的原则。但刘力功执迷不悟。在最后一次谈话中，党组织郑重地告诉刘力功，"个人服从组织，是党的纪律，要你去华北基层工作是党的决定，必须服从"，并给他时间反省自己。然而刘力功的反省结果是，可以去华北，但必须要到八路军总司令部工作，否则拒绝执行党的决议。

对于如此目无组织、目无纪律的共产党员，党组织决定开除刘力功党籍，并公布于全党。这件事让陈云心情十分沉重，他想到刘力功也曾举手"拥护"党的纪律，但他的遵守纪律停留在表面和口头，在实际行动上完全相反。在当时的新党员中，像刘力功这样与组织讨价还价的大有人在。于是，陈云在延安发起了一场"为什么要开除刘力功党籍"的大讨论。为什么共产党要这样看重纪律呢？陈云指出：

理由很简单，因为共产党要领导无产阶级及劳动人民争取彻底的解放，这不是容易的事。革命胜利基本的条件之一，就是要使无产阶级的党成为有组织的统一的部队。只有有组织和统一才是我们的武器，才是我们的力量。要保障我们的党能有组织和统一，这就需要有严格的纪律。

中国革命是长期艰苦的事业，共产党及其党员没有意志行动的统一，没有百折不回的坚持性和铁的纪律，就不能胜利。中国是一个小资产阶级成分占优势的国家，如果中国共产党没有严格的纪律，将无法防止小资产阶级意识侵入党内。如果党不是有铁的纪律的队伍，就不能去团结最大多数的人民群众。因此破坏党纪，实质上就是破坏革命，我们必须与任何破坏纪律的倾向作斗争。

"为什么要开除刘力功党籍"的大讨论，在延安的各机关干部学校中引起很大震动。干部学生纷纷从刘力功事件中检查自己的小资产阶级自由主义思想，检查是否以一个共产党员的标准严格要求自己，是否遵守党的纪律，是否言行一致地执行党的决议。一些要求重新安排工作的干部学生，主动撤回请求；一些分配工作还未到岗的干部，立即打起背包出发。一时间延安出现了"三多三少"的现象：讲个人要求的少了，服从组织分配的多了；图安逸比享受的人少了，要求到前线和艰苦地方锻炼的人多了；自由主义现象少了，严守纪律的人多了。一个严纪守法、团结奋进的热烈气氛悄然兴起。

1939 年 5 月 30 日，陈云又写了《怎样做一个共产党员》的文章，比较完整地提出了衡量共产党员的"六条标准"：

第一，终身为共产主义奋斗。每个共产党员不仅要坚信共产主义的必然实现，而且必须对于工人阶级和中国人民、中华民族的解放事业，有不怕牺牲、不怕困难和奋斗到底的决心。

第二，革命的利益高于一切。每个共产党员，都要把革命的和党的利益放在第一位，以革命的和党的利益高于一切的原则来处理一切个人问题，而不能把个人利益超过革命的和党的利益。

第三，遵守党的纪律，严守党的秘密。一个共产党员坚决地自觉地遵守党的纪律是他的义务。他不仅应该与一切破坏党纪的倾向作斗争，而且要着重与自己的一切破坏党纪的言论行动作斗争，使自己成为遵守党纪的模范。

第四，百折不挠地执行决议。共产党员不仅在日常工作中要忠实于党的决议，而且要在困难中，在生死关头时，忠实于革命和党的决议；不仅在有党监督时，而且要在没有党监督时，忠实于革命和党的决议；不仅在胜利时，而且要在失败时坚持执行党的决议。

第五，做群众的模范。党员无论在何时何地的一举一动，都必须给非党群众一种好的影响，使他们更加信仰我党，更加敬重共产党。

第六，学习。每个共产党员要随时随地在工作中学习理论和文化知识，努力提高自己的政治水平和文化水平，增进革命知识，培养政治远见。

陈云强调："只有具备以上的六个条件，才不愧称为一个良好的共产党员，才不致玷污了这个伟大而光荣的党员的称号。"当时，他还经常到中央党校和马列学院讲这个问题，给许多人留下了难忘的印象。刘培植回忆说："这个演讲给我的印象太深刻了，使我对如何做一名共产党员的问题心中豁然开朗。我深深地认识到，一个共产党员要把革命的利益放在高于一切的地位，个人的安危与荣辱任何时候都要服从这个大局。在顺境时能出色工作，在逆境时要坚持原则。"

郭沫若（1892—1978）

出生于四川省乐山县铜河沙湾，毕业于日本九州帝国大学，现代文学家、历史学家。1914年，郭沫若留学日本，在日本九州帝国大学学医。1921年，发表第一本新诗集《女神》。1949年，郭沫若当选为中华全国文学艺术会主席。曾任中国科学院哲学社会科学部主任、历史研究所第一所所长、中国人民保卫世界和平委员会主席、中日友好协会名誉会长、中国文联主席等职，还当选过中国共产党第九、十、十一届中央委员，第二、三、五届全国政协副主席。

"决不当李自成"

非常时刻，需要非常的纪律。历史转折关头，纪律之重要更加显著。

1944年3月19日至22日，重庆《新华日报》连载了郭沫若的《甲申三百年祭》。这篇文章讲述了李自成领导的农民起义军推翻明朝，但在北京城只待了40余天就走向失败的过程，阐明一条极为重要的历史教训：一切以革命为宗旨的阶级或社会集团，在胜利的情况下要防止骄傲，否则就会变质，就会归于失败。

毛泽东非常赞赏郭沫若的观点，认为这对已经取得很大胜利的中国共产党，有着特殊的意义。毛泽东指示《解放日报》全文转载郭沫若的文章，并把它当作整风学习的重要文件。

毛泽东对《甲申三百年祭》如此重视，关键在于他认为这对这个时期的共产党具有警醒作用。1944年5月20日，毛泽东在《学习和时局》的报告中谈道："我党历史上曾经有过几次表现了大的骄傲，都是吃了亏的。""近日我们印了郭沫若论李自成的文章，也是叫同志们引为鉴戒，不要重犯胜利时骄傲的错误。"11月21日，毛泽东在写给郭沫若的回信中又说："你的《甲申三百年祭》，我们把它当作整风文件看待。小胜即骄傲，大胜更骄傲，一次又一次吃亏，如何避免此种毛病，实在值得注意。"他还说："我虽然兢兢业业，生怕出岔子，但说不定岔子从什么地方跑来；你看到了什么错误缺点，希望随时示知。"

为了避免骄傲，避免失败，中国共产党在解放战争的形势日益明朗之际，接连发布加强纪律要求的规定。

1947 年 10 月 10 日，中国人民解放军总部发布了由毛泽东起草的《中国人民解放军总部关于重行颁布三大纪律八项注意的训令》，对"三大纪律、八项注意"的内容做了统一规范。

三大纪律：一切行动听指挥；不拿群众一针一线；一切缴获要归公。

八项注意：说话和气；买卖公平；借东西要还；损坏东西要赔；不打人骂人；不损坏庄稼；不调戏妇女；不虐待俘虏。

从红军到八路军，再到解放军，人民军队的基本纪律，从未改变。

西柏坡，是延安之后，中国共产党的"最后一个农村指挥所"。这里同样是严纪律、立规矩的地方。

1948 年 9 月，在全国解放战争进入战略决战的重要时刻，中共中央政治局召开扩大会议，主要议题就是克服党内出现的无纪律状态。这是中共中央撤离延安后的第一次政治局会议。毛泽东在会上说"目前工作的中心一环"就是加强纪律性，还向全党全军提出"军队向前进，生产长一寸，加强纪律性，革命无不胜"这个鲜明口号。会议根据当时的实际情况，强调要建立请示报告制度，党的下级的重要决议必须呈报党的上级组织批准以后方准执行；各级党的领导机关，必须将不同意见的争论，及时地、真实地向上级报告，其中重要的争论必须报告中央。

解放战争进展迅猛，解放区很快从几小块地域扩展到了长江以北的大半个中国。在这样的关键时刻，如果没有严明的纪律，就无法保证党中央战略意图和工作方针在全党全军的实施。党中央通过加强纪律建设，严明纪律要求，极大地提高了各级党组织和人民军队的战斗力，最终取得解放战争的胜利。

在全国即将胜利的前夕，中国共产党在西柏坡召开了中共七届二中全会。毛泽东在会上告诫全党：夺取全国胜利，这只是万里长征走完了第一步。要警惕"糖衣炮弹"，务必使同志们继续地保持谦虚、谨慎、不骄、不躁的作风，务必使同志们继续地保持艰苦奋斗的作风。

参加这次会议的同志还发现，会议开始时，主席台上并排挂着马恩列斯毛的肖像，但闭幕时，就不这样挂了。因为会议根据毛泽东的提议，作出六条规定：一、不做寿；二、不送礼；三、少敬酒；四、少拍掌；五、不以人名作地名；六、不要把中国同志同马恩列斯平列。

带着这样的规定，中国共产党离开西柏坡，前往北平。

1949年3月23日，毛泽东、朱德、刘少奇、周恩来、任弼时率领中共中央机关和人民解放军总部，乘坐11辆吉普车和10辆美制十轮大卡车，进京"赶考"。

在进行出发的准备工作时，毛泽东就对身边的人说：我们住了二十多年山沟，现在就要进城了。我们进北平，可不是李自成进北平，他们进了北平就变了。我们共产党人进北平，是要继续革命，建设社会主义，直到实现共产主义。

临行前，毛泽东又对周恩来说："今天是进京'赶考'嘛，进京'赶考'去，精神不好怎么行呀？"周恩来笑着接过话题说："我们应当都能考试及格，不要退回来。"毛泽东说："退回来就失败了。我们决不当李自成，我们都希望考个好成绩！"

"打江山"难，"坐江山"更难。正是因为有"赶考"的思想认识，中国共产党在新中国成立后，对纪律抓得更紧了。1949年11月，中共中央决定成立中央和各级党的纪律检查委员会。1951年11月，又坚决处理了天津地委书记刘青山、副书记张子善的巨大贪污案。这两个人居功自傲，贪图享受，先后盗窃国家救灾粮、治河专款，克扣民工粮、机场建筑款，骗取国家银行贷款等，总计旧币170余亿元。他们还扬言："天下是老子打下来的，享受一点儿还不应当吗？"这从反面印证了毛泽东"决不当李自成"的话。

纪律，考验着一个政党的大是大非，决定着人民的立场和选择。

电影《建国大业》中有这样一段对话：

蒋介石：我专程从东北飞回来，就是想告诉你，在这个时候，后院不能起火。

蒋经国：父亲，如果不严惩孔家，昭示天下，上海的经济就全垮了。

蒋介石：你说的我全明白，国民党的腐败已经到了骨头里了。这不是一个孔家的问题。反贪腐是件大事，要讲求时机，讲求分寸……

蒋经国：父亲，党国都已经在危难的边缘了。

这段蒋介石和蒋经国的对话，反映了国民党最高领导人对待腐败的态度，执行纪律的状况。在垮台的边缘尚且如此，遑论平日了。

不一样的纪律，不一样的结果。国民党必败，共产党必胜。

上海、井冈山、延安、西柏坡、北京，无论何时，无论何地，中国共产党严肃纪律、惩治腐败的决心，没有丝毫的懈怠。

2012 年 12 月 4 日，举世瞩目的中共十八大刚刚结束，履新不足 20 天的中央政治局召开会议，审议通过"八项规定"。改进调查研究，精简会议活动，精简文件简报，规范出访活动，改进警卫工作，改进新闻报道，严格文稿发表，厉行勤俭节约……严格而明确的规定，传达出新一届党中央领导集体的庄重承诺：全面从严治党，改进工作作风，密切联系群众。

2016 年 7 月 1 日，习近平在庆祝中国共产党成立 95 周年大会上的讲话中，深刻总结党的历史经验，进一步指出："先进性和纯洁性是马克思主义政党的本质属性，我们加强党的建设，就是要同一切弱化先进性、损害纯洁性的问题作斗争，祛病疗伤，激浊扬清。""反腐倡廉、拒腐防变必须警钟长鸣。各级领导干部要牢固树立正确权力观，保持高尚精神追求，敬畏人民、敬畏组织、敬畏法纪，做到公正用权、依法用权、为民用权、廉洁用权，永葆共产党人拒腐蚀、永不沾的政治本色。我们要以顽强的意志品质，坚持零容忍的态度不变，做到有案必查、有腐必惩，让腐败分子在党内没有任何藏身之地！"

第六章

制度基石：

人民当家作主

1941年10月，陕甘宁边区参议会大礼堂建成。一个月后，边区第二届参议会在这里举行。

到会的219名参议员中，共产党员123人，民主党派和无党派人士86人，还有在延安的国际友人，如日本的森健、印度的巴苏华、朝鲜的武亭、印度尼西亚的阿里阿罕。阿里阿罕看见来自社会各阶级阶层的参议员，不禁感慨："走遍世界各国，而今在延安找见了真正的民主。"正因为如此，人们送给这座大礼堂一个响亮的名字——"富丽堂皇的民主之宫"。

也就是在这次会议上，开明绅士的代表李鼎铭提出了著名的"精兵简政"之提案。他在会前围绕如何克服边区财政经济困难这个问题，进行了深入的调查研究，建议边区政府"应彻底计划经济，实行精兵简政主义，避免入不敷出经济紊乱之现象"。

大多数议员认为，李鼎铭的提案击中要害，能够解决边区的经济困难，以及政府中存在的机构臃肿、人事繁杂问题。

毛泽东将提案的内容，一字一句地抄在笔记本上，重要的地方用红笔圈起，并在一旁加了一段批语："这个办法很好，恰恰是改造我们的机关主义、官僚主义、形式主义的对症药。"

经过参议员们的充分讨论，会议通过"精兵简政"的提案。一个月后，中共中央向全党发出"精兵简政"的指示，要求陕甘宁边区和各抗日根据地切实整顿党、政、军各级领导机构。陕甘宁边区率先垂范，从 1941 年 11 月政府委员就职，到 1944 年 1 月李鼎铭作简政总结报告，边区政府经过 3 次精简，达到了中共中央制定的"精简、统一、效能、节约和反官僚主义"五项要求。

"精兵简政"一举多得，既精简了机关、节约了财力，又充实了基层、改进了工作，对共产党和根据地军民度过最艰苦的岁月，最终夺取抗日战争的胜利，发挥了极其重要的作用。

"精兵简政"的提出与实施，是中国共产党推进民主政治，加强体制机制建设的一个缩影。也因为不断建立健全各项制度，中国共产党将自己局部执政的陕甘宁边区，创造为新民主主义的模范试验区，全国抗日民主的模范区。

保障人民群众的民主政治权利

实行人民民主，让人民当家作主，是中国共产党始终高举的一面旗帜。

1928 年 1 月，毛泽东率工农革命军攻克遂川县城，恢复了中共遂川县委，并领导建立工农兵政府。在他制定的《遂川县工农兵政府临时政纲》这部中国共产党历史上第一部施政纲领中，第一条就鲜明地规定："凡从事劳动及不剥削他人以为生活的男人和女人，如工人、农民、士兵和其他贫民，都有参与政治的权利。"第四条则是号召"各区乡农民赶快组织各区乡农民协会"，"乡农民协会即为该乡执掌政权的机关"。

《遂川县工农兵政府临时政纲》共计 30 条，但有 6 条已经遗失，现在只能看到 24 条。尽管它的内容很简略，也存在不够完善的地方，但它的字里行间，传递出一个强烈的信号，苏维埃政府是工农兵代表大会性质的政权，是真正代表人民利益的政权。它基本上反映了中国共产党的民主政治主张，也因此成为井冈山革命根据地红色政权建设的蓝本。

在创建工农红军的时候，毛泽东和朱德也在连、营、团各级成立士兵委员会，实行军队内的民主主义。

1928 年 11 月，毛泽东在给党中央的报告中说，红军之所以"物质生活如此菲薄，战斗如此频繁，仍能维持不败"，除党的领导作用，就是靠"官长不打士兵，官兵待遇平等，士兵有开会说话的自由"这些民主的办法。他还说，红军像一个火炉，新来的俘虏兵过来马上就熔化了。他们"昨天在敌军不勇敢，今天在红军很勇敢，就是民主主义的影响"。

1935 年 11 月，中华苏维埃共和国中央执行委员会就发布告示，设立苏维埃中央政府驻西北办事处。1 个月后的 12 月 23 日，即公布《苏维埃西北暂行选举条例》，在基层开展民主选举，成立县、区、乡苏维埃政府，恢复中央苏区的民主政权模式。

西安事变和平解决后，中共中央为尽快推动国共两党的合作，于 1937 年 2 月 10 日致电国民党五届三中全会，表示愿将苏维埃政府改名为中华民国特区政府，并在特区政府区域内实施普选的民主制度。经过多次谈判，国共两党达成团结抗战的协议，陕甘宁边区政府于 9 月 6 日正式成立。

1938 年 3 月，国民党在武汉召开临时全国代表大会，通过《中国国民党抗战建国纲领》，决定设立国民参政会和省市参议会，"团结全国力量，集中全国之思虑与识见，以利国策之决定与推行"。但国民党并没有贯彻落实这个纲领，甚至与之背道而驰，坚持一党专制。只有陕甘宁边区认认真真地做起来，而且在诸多方面超过了《纲领》的要求。

1939 年 1 月 17 日至 2 月 4 日，位于延安城北小沟坪的陕北公学礼堂，成为民主的殿堂。因为战事而推迟的陕甘宁边区第一届参议会，在这里胜利召开。经过充分的讨论，会议通过了林伯渠所作的边区政府工作报告，以及《陕甘宁边区抗战时期施政纲

《领》等法律法规，选举林伯渠、雷经天等 15 人为边区政府委员会委员，林伯渠为边区政府主席。

国民党召集的国民参政会和国民党统治区的省市参议会，只是国民党政府的咨询机关，而陕甘宁边区的参议会经人民普选产生，是边区的最高权力机关。其常设机构参议会常驻委员会，在参议会休会期间，有权监督边区政府对参议会决议的执行，听取政府工作报告，审定重大决策的出台。所以，朱德总司令当时就评价说："在中国，由议会选举政府，决定施政方针，边区是第一个。"陕甘宁边区参议会保证了边区各抗日阶级、阶层人民实现自己的民主权利，实际上成为后来人民代表大会制度的雏形。

"选好人，办好事"

> 金豆豆，银豆豆，
> 豆豆不能随便投，
> 选好人，办好事，
> 投在好人碗里头。
> ……
>
> ——陕北信天游

在陕甘宁边区，被比作金银的豆豆，代表的是一张张选票。即使是不识字的农民，也可以用投豆豆的方式投票，表达自己的意愿。谁的碗里豆子多，谁就获得了胜利。就这样，最原始的办法与最先进的民主，实现了完美的结合。

延安柳林镇村民贺起旺记得，那时候选举有两种选法：一种是举胳膊；一种是撂豆豆。举胳膊指的是坐下一堆人，同意谁就举胳膊，不同意就不举胳膊。

而所谓撂豆豆，指的是候选人代表背站着，一人后边放一个

刘秉温（1912—1979） 陕西省米脂县人。陕甘宁边区模范县长，中共七大候补代表。1935年4月参加革命，1937年7月至1943年9月任延安县县长。任延安县县长期间，为方便群众、搞活经济，他带领群众成立南区合作社。大生产运动中，他带头开荒种地，并带领全县干部群众开展互助合作，提出劳动互助、变工队等方法，被誉为『刘秉温生产方式』。1942年被评选为模范县长，毛泽东亲笔为他题词：善于领导群众。

大碗，你同意谁，给谁那儿撂颗豆豆。（乔尚志）

选举中，还有一些不经意的细节，闪耀着农村特有的人情伦理与处世智慧。张光观察发现，群众也有很聪明（的），他为了不让人家知道他给谁投了，给谁没有投，他把手在每个（碗）上放一下，但是他要选谁，他给谁碗里面投一个豆子。

豆子投入碗中、茶缸中，却听不见叮叮当当的响声，这是正在举行的最朴素的民主选举。这种"投豆入碗"民主选举办法，突破了选民不识字的局限，保证了每个人的选举权，后来从延安扩展到各个根据地。

选举什么样的人才能代表百姓的利益？才是人民当家作主的体现？

老百姓朴素而简单的想法就是"好人"：

不是随便想选谁就选谁，哪个人在村里威信好、人脉好就选他了，不然就不选，到啥时候都如此。（贺起旺）

老百姓最后选出来的，那是推选的，哪个人能干，哪个人不能干，能干的就推选上去了，不能干的就不行。（刘光明）

刘秉温通过选举从一个普通农民当上了延安县县长。当时的刘秉温被百姓选上后，有些不知所措，说：你们瞎弄了，我是一个农民，我根本就不知道咋办公，你叫我当县长，我当不了。陕甘宁边区干部来了说："你当不了，学嘛！"（鲁加选）

万事胚胎，皆由州县。古之州县一级官员谓之"牧民之令"，老百姓常称其为"父母官"。而边区的县长书记们却"当官不像官"，成了人民的服务员、人民的公仆，彻底颠覆了官的概念。

　　在延安"只见公仆不见官"的氛围下，出现了很多刘秉温式的"人民公仆"，如"树官"惠中权和"棉官"辛兰亭。在边区诸县中，靖边县的自然环境和地理环境最差。1940 年，惠中权担任靖边县第八任县委书记后，动员全县群众大力开展造林种草，号召大家栽种柠条等易成活又易繁殖的树种。他还带领群众引水拉沙，打坝淤地，开展畜牧运盐等活动。靖边县一跃成为边区诸县生产工作之首。1943 年，毛泽东专门接见惠中权，并为他题写奖状：实事求是，不尚空谈。

　　中央红军到陕北时，因大部分红军是南方人，隆冬腊月仍衣不蔽体，这一幕延川县县长辛兰亭记得最清楚。他下决心要解决边区的棉花问题。为此，他风尘仆仆地奔走于延川县 8 个区 20 多个乡，发动群众积极种植棉花。延川县的棉花种植面积从 1939 年的 1000 亩，扩大到 1942 年的 27 万亩，总产量由 12 万斤增加到 33 万斤。延川县成为边区首屈一指的种棉县，辛兰亭也被人们称为"棉花县长"，《解放日报》以整版篇幅发表了辛兰亭的文章《论延川县的棉花生产》，受到边区政府的大力推广和表扬。

　　1942 年夏天，延安遭受洪涝灾害。洪水淹了川口村川道地的庄稼，看着倒伏在水里的玉米、大豆、谷子、高粱，老百姓情绪低落。上了年纪的老人说，绝收之年别无他法，只有逃荒一条出路。延安县县长刘秉温不这么看。他经过调查，得知荞麦的生长期短，若及时抢种，或许在霜冻之前能打下粮食。于是，刘秉温动员全县劳力，自带口粮、牲口、农具，不分昼夜抢种荞麦。即使是低洼处无法播种的地段他也不放过，不能播种就撒种，尽量不留一处空白。经过十多天的奋战，全县受涝土地全部补种了荞麦。这年秋天，延川荞麦获得大丰收，老百姓不但没逃荒，而且过上了丰衣足食的好日子。老百姓都夸刘秉温是抓粮食的好县长。

人们对刘秉温的评价极高，鲁加选回忆：到锄地的时候，他就动员干部劳动起来下乡给老百姓锄地，锄地不吃人家的饭，不喝人家的水，连水都不喝……那时候群众为什么拥护干部呢？就因为干部比群众还苦。

刘秉温热心为群众工作，被毛泽东誉为"善于领导群众"的干部。

陕甘宁边区的民主选举，在1939年、1941年和1946年举行过三次。凡居住在边区，年满18岁的人民，不分阶级、职业、男女、民族、宗教、财产与文化程度的区别，都有选举权和被选举权。

轰轰烈烈的选举运动，就像吹遍边区每个村庄角落的春风，成为乡村里的政治节日。据统计，陕甘宁边区选举的投票率达到了80%以上。尽管山区的道路不好走，但一辈子足不出户的小脚太婆，在选举时也骑着毛驴，翻山越岭赶到选举地点，行使自己的神圣权利。

为了保障行动不便的选民也能行使民主权利，选举委员会还组织工作人员背着票箱，到选民家中，让他投上庄严的一票。

中国农村的民主传统极其缺乏。而陕甘宁边区政府则下功

黄齐生（1879—1946）

即黄禄祥，近代教育家，爱国民主人士。1931 年，经黄炎培介绍先后往江苏昆山、山东邹平、河北定县开展乡村教育。后在中华职业教育社和广西基础教育研究院任职。『七·七』事变后组织抗日救国会，宣传抗日。后任四川歙马乡村建设育才学院文史教授，壁山正则艺专文史教授，多方奔走，从狱中营救出我党领导人王若飞（黄齐生是其舅父），并随赴解放区考察，在延安受到毛泽东接见。1946 年 4 月 8 日，与叶挺、王若飞、秦邦宪返回延安时，在山西兴县黑茶山飞机失事中不幸遇难。史称『四八烈士』。

夫培养民众的民主意识和参政热情。普通农民有权直接选举自己信任的"官"和有权罢免自己不信任的"官"，参与管理政府的大事，民主参政意识普遍得到提高，与当时国统区一党专制的垄断政治形成鲜明的对照，成为中国政治史上破天荒的伟大创举。

延安城里，各机关单位的竞选活动，也开展得热火朝天。

抗日军政大学、鲁迅艺术学院、八路军敌军工作干部学校和延安日本工农学校，这四个单位作为一个选区，要竞选一个边区参议员的名额。鲁艺学生会为了宣传自己推举的候选人周扬，组织学生扛着周扬的画像，到延安城里和南门外新市场，用演出街头剧的方式，极力宣传周扬的业绩和能力。

1946 年 3 月，上海发行的《民主》周刊，刊登了黄齐生《延安选举见闻记》这篇文章。他三次赴延安，切身体验了陕甘宁边区三次民主选举的盛况。他在文章中说，被选上的是这样的人：公道、和平、能办事、腿勤。选不上的则是这样的人："二流子"、抗上压下、木头人、口是心非、自私自利。

选上，选不上，让群众说了算。事实证明，群众的眼睛是雪亮的。

"三三制"

面对日本帝国主义的侵略，中国共产党为了团结一切可以团结的力量，推动建立了抗日民族统一战线。在抗日根据地政权建设上，中国共产党也根据新的形势和要求，反对在党内长期存在的"左"倾关门主义，要求党外人士进入政权。

"三三制"是陕甘宁边区抗日民主政权建设的显著标杆。

1940年年初，延安县中区五乡在突击完成征粮工作中，为保证完成征粮任务，乡政府提出用民选方式组成征粮委员会，结果全部选出委员27人，其中共产党员9人，余者18人均系非党人士。因为调动了非党人士的积极性，该乡原定公粮计划不仅提前完成，而且大幅超额。得知这一经验后，毛泽东极其高兴，他在陕甘宁边区政府呈送的文件上批示道："共产党员只有与多数非党人员在一道，真正实行民主的'三三制'，才能使革命工作做好，也才能使党的生活活跃起来。如果由党员包办一切，则工作一定做不好，党员也会硬化不进步。"

由此，以这个陕北群众在交公粮中创造的"三三制"，进而又被共产党人敲锣打鼓迎进了陕北人民的政治生活中，创造性地发展了"三三制"这一民主制度。

1940年3月，毛泽东在为中共中央起草的《抗日根据地的政权问题》一文中指出，在中国共产党领导下的抗日根据地政权中实行"三三制"，即在抗日民主政权的工作人员中，共产党员、非党的左派进步分子和中间派各占三分之一。对于"三三制"，毛泽东也做了进一步阐释：必须保证共产党员占领导地位，因此，必须使占三分之一的共产党员在质量上具有优越的条件。只要有了这个条件，就可以保证党的领导权，不必有更多的人数。必须使非党进步分子占三分之一，因为他们联系着广大的小资产阶级群众。对于争取小资产阶级将有很大的影响。给中间派三分之一的位置，目的在于争取中等资产阶级和开明绅士。这些阶层的争取，是孤立顽固派的一个重要步骤。

时任陕甘宁边区政府秘书长的谢觉哉，根据毛泽东的构思，发表了《"三三制"的理论与实际》，说这样的政权模式是实现"有饭大家吃，有权大家享"的社会理想，将中国政治推向正规的有效途径。他还认为，民主作风的养成，共产党员应为首导，"要知道有枪的人一句话不谨慎，可以使人家一晚睡不着觉，而勉强使人家服从自己，常常使人气破肚子"。

"三三制"体现了毛泽东关于新民主主义社会的设想。1940年1月，他在《新民主主义论》中明确地说，革命胜利之后，新中国的国体既不是一个资产阶级专政的共和国，也不是立即实行无产阶级专政，而是要建立一个各个革命阶级联合专政的新民主主义的共和国。1941年5月1日，经中共中央政治局批准，中共陕甘宁边区中央局提出《陕甘宁边区施政纲领》。这个《纲领》的大部分重要内容是毛泽东审阅初稿时重新改写的。它共有二十一条，明确体现了新民主主义理论的规定，为边区人民勾画出一个美好的建设蓝图。5月8日，《解放日报》发表的社论评论道："这个纲领所确定的团结抗战的总方针以及各方面的正确政策，都是我党对边区人民及全国各抗日阶层各抗日团体以及友党友军坚决实行的郑重诺言。这样的施政纲领，正是全边区人民和全国人民所深切盼望的，这是真正保护一切抗日人民利益的纲领，是保护和调节各抗日阶层各抗日党派利益的纲领。近年来，敌后抗日根据地的民主政权颁布过不少正确的、内容丰富的施政纲领，但均不如此次陕甘宁边区中央局向选民所提出的施政纲领完善。"

在政权建设方面，《陕甘宁边区施政纲领》明确规定贯彻

"三三制"原则。这就以"法"的形式将"三三制"原则确定下来。1941年1月，陕甘宁边区中央局发出指示，要在选举活动中彻底贯彻"三三制"原则，"要求将'三三制'政策，不仅要实行于议会，还要实行于政府机关中"。在选举活动中，应仔细地、有步骤地、大胆地选举非党进步人士到政府机关为行政人员，虽然在数量上不应机械地凑足三分之二，但过去某些党包办式的办法，必须坚决地纠正。

当时提出"三三制"，不少党员干部思想不通，担心"会削弱共产党的领导"，甚至失去"流血牺牲闹革命，打土豪、分田地建立的政权"。1941年11月，毛泽东在第二届陕甘宁边区参议会开幕式上有针对性地指出："国事是国家的公事，不是一党一派的私事。因此，共产党员只有对党外人士实行民主合作的义务，而无排斥别人、垄断一切的权力。"

1941年春夏之交，陕甘宁边区基层民主选举如火如荼地展开了。

"三三制"激发起各方力量，调动了包括乡绅在内的民主人士参与政治的积极性。来自米脂县的李鼎铭，就是通过这样的选举原则，以民主人士的身份当上了陕甘宁边区政府副主席。李鼎铭之所以当选，是因为老百姓把他当成好人。

李鼎铭对穷人特别好，他当时的生活过得还可以，有一次一个老乡哭着说家里刚出生的一个小孩儿没有吃的，大家都很着急，李鼎铭说我家有，让给拿过去2斗米，派了老乡给背了过去。（乔尚志）

他是一个有文化的人，年轻时还当过老师，自己也有很多想法。同时他也懂医术，那个年代很缺医生，在他那里看病的人有很多，他不分贫富，有的百姓没有钱支付医疗费他帮着免费治疗。（燕如汉）

他就是爱娃娃，爱穷娃娃。（马婉英）

牛友兰（1885—1947）

山西省兴县人，晋绥边区著名爱国民主人士。他积极兴学，广办教育。抗日战争爆发后，为资助抗战，毁家纾难，竭尽全力。不仅兴办自家工厂商号，为抗日部队提供布匹等物资资助，还腾出自家院子供晋绥领导同志和晋绥领导机关使用，更是先后送多位晚辈参加革命。1942年5月，牛友兰带领晋西北士绅团赴延安参观学习，受到毛泽东等中央领导人的接见。回到晋西北后，牛友兰积极宣传延安的好经验，为革命事业作出突出贡献。

（李鼎铭）认为共产党是扶穷人、为穷人。他一直做的是为穷人、扶穷人的事，所以毛泽东上（延安）来和他做的是一个事，所以就能与共产党同行，这是很好理解的事情。（李长学）

本打算毕生远离政治的李鼎铭，参政后却表现出不一般的政治眼光和胆识。基于对民生状况的认识，他向毛泽东提出，陕甘宁边区必须裁减军队和官员。这就是著名的"精兵简政"的由来，成为解决"鱼大水小"矛盾的一剂良方。

"精兵简政"遭到不少人的反对，认为此举会削弱共产党的力量。在敌军围困万千重的形势下，在因与国民党大员杜聿明有表亲关系而有通敌之嫌的怀疑声中，这个建议显然很大胆，但却得到了毛泽东的认同。毛泽东对"政府应彻底计划经济，实行精兵简政主义，避免入不敷出、经济紊乱之现象"这一提案表示支持。他认为"精兵简政"这一条意见，就是党外人士李鼎铭先生提出来的；他提得好，对人民有好处，我们就采用了。只要我们为人民的利益坚持好的，为人民的利益改正错的，我们这个队伍就一定会兴旺起来。

毛泽东说："这个办法很好，恰恰是改造我们的机关主义、官僚主义、形式主义的对症药。"大多数议员也认为提案切中了陕甘宁边区的要害，因此以压倒多数的票额获得通过。

事实证明，精兵简政的效果是惊人的。

223

孟波回忆：精兵简政以后，官很少。官多，老百姓的负担就重了，工资哪里来？都是靠老百姓。

1942年5月，从黄河对岸的晋西北来了一批参观者，领队是开明士绅牛友兰。延安的民主政治让他吃惊。其子牛荫西说：他们去的时候，晋西北还没有实行"三三制"，所以去了以后，他们对政权建设都很关心和重视，李鼎铭就是个民主人士的副主席，他就以亲身经历给他们介绍这个政权，这个"三三制"政权的优越性，他在这个政权里头是有职有权，可以说上话的。

1946年2月，牛友兰先生以新参议会议员身份在《解放日报》上发表《议会的新旧比较》，阐述新的民主政权给全国的根据地带来的变化。

在陕甘宁边区，即使是民主党派非党人士也会得到应有的尊重，在政治舞台上一展身手，实现自己的平生抱负。李鼎铭先生就感慨地说：我毕生都在避开政治。但现在，在我的一生中，我从没有这样快乐过。

"三三制"的实行，使边区新民主主义的政权建设发展到一个新阶段。79岁高龄的非共产党员参议员李丹生，在第二届陕甘宁边区参议会闭幕时，代表全体议员发言，称赞中共"诚所感人"，"以信义昭示天下，则天下都是你们的"。李鼎铭后来也坦诚地对人说："我原本不愿出来做事的，是在党外人士有职有权的鼓励下出来的。"

"三三制"的实质就是实行更广泛的民主政治，建立一个包容性更强、代表性更广泛的政权。"三三制"通俗易懂，操作简便，所以非常有号召力。"三三制"政权的成功实践，使陕甘宁边区政权决策的民主性、科学性大大加强，有力地调动了社会各界团结抗战的积极性。邓小平在《党与抗日民主政权》中指出，"三三制"政权不仅是敌后抗战的最好政权形式，而且是将来新民主主义共和国所应采取的政权形式。历史证明，"三三制"为中国共产党领导的多党合作和政治协商制度的形成进行了初步探索并积累了丰富经验。

"周期律对话"

1945 年 7 月，抗战胜利前夕，国民政府派黄炎培、章伯钧、傅斯年等 6 位国民参政员来到延安。

黄炎培到了延安之后，开始在各地自由考察参观，他看到的是一个朝气蓬勃的延安：在延安不会有"尾巴"，而在重庆，已是国民参政员的黄炎培也是名人，当局对他住处都设立了一些或明或暗的保护或盯梢。黄炎培认为延安是政治开明的表现；大街上干干净净，行人虽然衣服穿得谈不上好，但衣冠整洁、精神抖擞；老百姓可以直接给毛泽东提意见。路边上写着黑板报，有给毛泽东提的意见，对毛泽东的称呼随意而直接，或者"毛泽东"或者"老毛"。

黄炎培与毛泽东进行了一次长谈。毛泽东问："任之先生，这几天通过你的所见所闻，感觉如何？"

黄炎培直言相答：我生六十余年，耳闻的不说，所亲眼见到的，真所谓"其兴也勃焉，其亡也忽焉"，一人，一家，一团体，一地方，乃至一国，不少单位都没有能跳出这周期律的支配力。大凡初时聚精会神，没有一事不用心，没有一人不卖力，也许那时艰难困苦，只有从万死中觅取一生。既而环境渐渐好转了，精神也就渐渐放下了。有的因为历时长久，自然地惰性发作，由少数演为多数，到风气养成，虽有大力，无法扭转，并且无法补救。也有为了区域一步步扩大了，它的扩大，有的出于自然发展，有的为功业欲所驱使，强求发展，到干部人才渐见竭蹶、艰于应付的时候，环境倒愈加复杂起来了，控制力不免趋于薄弱了。一部历史，"政息宦成"的也有，"人亡政息"的也有，"求荣取辱"的也有。总之没有能跳出这周期律。

这次谈话，又称"周期律对话"。在黄炎培看来，朝代更迭，政权兴衰，是历史不可避免的规律。毛泽东答道："我们已经找到新路，我们能跳出这周期律。这条新路，就是民主。只有让人民来监督政府，政府才不敢松懈。只有人人起来负责，才不会人亡政息。"黄炎培认为："这话是对的"，"只有大政方针决之于公众，个人功业欲才不会发生。只有把每一地方的事，公之于每一地方的人，才能使地地得人，人人得事。把民主来打破这周期律，怕是有效的。"事实上，经过在延安几天的自由观察，黄炎培认为，延安离他的政治理想越来越近。

在他所写的《延安归来》一文中，反映出对未来充满希望的心情："延安五日中间所看到的，当然是距离我理想相当近的。我自己也明白，因为他们现时所走的路线，不求好听好看，切实寻觅民众的痛苦，寻觅实际知识，从事实际工作，这都是我们多年的主张，也曾经小小试验过，为了没有政权和军权，当然一切说不上，路线倒是相同的。我认为中共有这些表现，并没有奇异。集中这一大群有才有能的文人武人，来整理这一片不小也不算大的地方，当然会有良好的贡献。我认为中共朋友最可宝贵的精神，倒是不断地要好，不断地求进步，这种精神充分发挥出来，前途希望是无限的。至于方针定后，他们执行比较切实有效，就为组织力强，人人受过训练的缘故。"

重庆谈判期间，毛泽东在周恩来陪同下，专程来到被称为"民主之家"的特园，拜访中国民主同盟主席张澜。张澜担心地对毛泽东说："蒋介石在演鸿门宴，他哪里会顾得上一点信义！前几年我告诉他：'只有实行民主，中国才有希望。'他竟威胁我说：'只有共产党，才讲实行民主。'现在国内外形势一变，他也喊起'民主''民主'来了！"毛泽东说："民主也成了蒋介石的时髦货！他要演民主的假戏，我们就来他一个假戏真做，让全国人民当观众，看出真假，分出是非，这场戏也就大有价值了。"张澜说："蒋介石要是真的心回意转，弄假成真，化干戈为玉帛，那就是全国人民之福呀！"

民主可以保障百姓的基本权利、合法利益。只有百姓拥有发言权、监督权的政府，才是一个清正廉洁为人民服务的政府，才是一个得人心的政府。

马锡五审判方式

民主与法制，是民主政治的基本特征。陕甘宁边区在发展人民民主的同时，在法制建设上也形成了自己的优良传统。尤其是以马锡五审判方式为代表的人民司法优良传统，为人民司法事业的发展奠定了基石。

马锡五（1899—1962）

陕西省保安县（今志丹县）芦草沟村人。马锡五1930年参加革命，历任陕甘宁边区苏维埃政府粮食部部长、陕甘省苏维埃政府国民经济部部长等职。1936年5月后，任陕甘宁省苏维埃政府主席、中共陕甘宁省委常委。抗日战争时期，先后担任陕甘宁边区庆环分区、陇东分区专员。1943年4月，兼任陕甘宁边区高等法院陇东分庭庭长。1946年，任陕甘宁边区高等法院院长。

马锡五是陕西省保安县人，1930年参加革命，1943年担任陕甘宁边区陇东分区专员兼边区高等法院陇东分庭庭长。他在任职期间，简化诉讼手续，实行巡回审判、就地审判。在审判中依靠群众，深入进行调查研究，了解案情真相，最后运用审判与调解相结合的方式，形成解决方案，说服当事人接受。

在艰苦的工作条件下，马锡五妥善审理了一系列案件，被边区老百姓誉为"马青天"。1944年3月13日，《解放日报》发表社论《马锡五同志的审判方式》，详细地介绍了马锡五的司法工作经验。从此，马锡五审判方式不仅作为民事诉讼，而且作为整个司法工作的原则和经验，在陕甘宁边区和其他地区大力推行，成为当时人民司法战线的一面旗帜。

华池县温台区的"封芝琴婚姻案"，就是马锡五审判的一个典型案例。

封芝琴自幼由父亲封彦贵包办，与张金才之子张柏订婚。封芝琴成年后，也愿意与张柏结为夫妻。但封父为多捞彩礼，却与张家退了亲，欲将封芝琴卖给庆阳富户朱寿昌。张金才知道后，纠集亲友前往封家，将封芝琴抢回，与张柏成婚。司法人员接到封彦贵的状告后，未经周密调查，机械套用法律规定，判处张柏与封芝琴的婚姻无效，以"抢亲罪"将张金才判刑六个月。

张家不服，封芝琴遂拦路告状。封芝琴回忆：抢回来就是，

中共中央在延安：一个马克思主义政党的崛起

封芝琴（1924—2015）

出生于甘肃省华池县悦乐镇上堡子村，父亲封彦贵为她取了个乳名叫封捧儿。她从小以剪纸、绣花的『巧手』闻名乡里。新中国成立后，封芝琴曾当选为省、市、县、乡的人大代表，当上了村里的妇女干部，到处现身说法，成为宣传新《婚姻法》的积极分子。

一下子抓了张家一串子人，两家老人都被抓去，说买卖婚姻也不对，抢亲也不对，都抓去，一下抓十几个，都（关）押了，我看着没办法我跑到庆阳寻马锡五去了。

马锡五到华池县检查工作时，遇到了拦路告状的封芝琴。马锡五那时是陕甘宁边区法院远近闻名的法官，是群众心目中的青天。"马青天"这回要断"家务事"了。马锡五几番下乡，走访调查，最终弄清了其中的纠结交错……马锡五向封芝琴征求意见："有《婚姻法》呢，你看你同意去（张家），还是不同意去？"封芝琴回答："我同意去。"

1943 年 5 月，马锡五亲自主持"封芝琴婚姻案"。经过公开审理，法庭当场宣判：一、封彦贵违反边区婚姻法，屡卖女儿，所得彩礼全部没收，并科以劳役半年，以示警诫；二、黑夜聚众抢亲，惊扰四邻，有碍社会秩序，判处张金才徒刑半年，并批评教育，以明法制；三、封芝琴和张柏基于自由恋爱而自愿结婚，按照边区婚姻法规定，准其婚姻有效。判决之后，全场叹服。马锡五伸张了婚姻自主，也处罚了张家、朱家的错误行为。

我们回来了，把两个老人，那一群人都放了，放了后，把我们老人罚挖了 1 个窑，把张家罚挖了 7 个窑！（封芝琴）

马锡五的"马青天"形象更加深入人心，封芝琴说：马锡五上来（案子）就结了，结了就走了，把马锡五叫了个"马青天"，谁都知道个"马青天"。

判决方式和结果赢得了陕甘宁边区群众的称赞。

合情合理的公正判决，让现场的群众交口称赞，双方当事人也表示服判。

陕甘宁边区文艺工作者韩起祥，以这个案件为素材，编写了长篇说唱文学《刘巧儿团圆》，在边区各地广为流传。新中国成立后，中国评剧院又据此改编创作了评剧《刘巧儿》，由著名评剧演员新凤霞饰演主角刘巧儿。

巧儿我自幼儿许配赵家，我和柱儿不认识怎能嫁他？

上一次劳模会上我爱上人一个……

这一回我可要自己找婆家……

伴随着"刘巧儿"的故事传遍全国，新中国第一部法规《婚姻法》所倡导的男女平等、婚姻自由，也深入人心。

马锡五审判方式，在司法中贯彻了实事求是的思想路线，践行了全心全意为人民服务的宗旨，特别是坚持"从群众中来，到群众中去"的群众路线，不仅受到群众的欢迎，而且使群众在审判活动中得到教育。马锡五从自身工作经验中得出这样的结论：审判工作依靠与联系人民群众来进行时，也就得到了无穷无尽的力量，不论如何复杂的案件和纠纷，也就易于弄清案情和得到解决。在全面推进依法治国的今天，马锡五审判方式仍然具有重要的现实意义。

1942年，毛泽东为马锡五题词："一刻也不要离开群众。"1944年3月13日延安《解放日报》发表专文，将马锡五审判方式总结为：深入群众实地调查，摸清情况就地审判，群众参与不拘形式。马锡五审判方式所强调的群众路线，注重调查研究，最大限度地求得客观公正，了解和倾听广大群众对案件的看法和处理意见，实行简便快捷的审判方式，等等，这些精神也真正体现了司法为民的实质。政府一切工作的出发点和衡量标准，都必须落实到是否密切联系群众，真诚为群众服务上来。引入"群众路线"，全心全意为人民服务，不仅是司法人员努力践行的方针，更是整个陕甘宁边区政府遵循的执政理念。

"民主基础上的集中，集中指导下的民主"

1938年，毛泽东在延安凤凰山窑洞里接见世界学联代表团时表示："边区是一个什么性质的地方呢？一句话说完，是一个民主的抗日根据地。"

陕甘宁边区的抗日民主政权的观念，源自抗日民族统一战线。随着抗日民族统一战线的成立，中国共产党根据中国抗日斗争实际，调整了党的路线方针政策，由"反蒋抗日""逼蒋抗日"到"联蒋抗日"，主张由建立"工农共和国"改为"人民共和国""民主共和国"，提出创建陕甘宁边区作为全国抗日民主模范区。

1937年5月，中华苏维埃共和国中央政府驻西北办事处行政会议讨论并通过了《陕甘宁边区议会及行政组织纲要》，提出陕甘宁边区为争取中华民族独立解放，在全国范围内，首先实行最适合于抗战的彻底的民主制度。

陕甘宁边区抗日民主政权实行"一般的民主""普选的民主

三届四次边区参议会

1939年1月17日至2月4日，陕甘宁边区第一届参议会在延安城北小沟坪陕北公学堂召开。会议选举林伯渠为边区政府主席。1941年11月6日至21日，陕甘宁边区第二届参议会在延安城南新落成的边区参议会大礼堂召开。这次会议最大的亮点是实行"三三制"选举，以及接受了李鼎铭提出的"精兵简政"提案。根据陕甘宁边区第二届参议会通过的《陕甘宁边区各级参议会选举条例》规定，"边区参议会参议员，每三年改选一次"。因为整风运动的影响，1943年年底第三届参议会没有如期召开。所以，1944年12月召开一次没有换届的边区参议会，被称为第二届参议会第二次会议。1946年4月2日至27日，陕甘宁边区第三届参议会在延安边区参议会大礼堂召开，会议选举林伯渠连任边区政府主席，李鼎铭连任副主席。

制"，凡边区一切抗日爱国的阶级、团体、党派都有平等的选举权和被选举权。各级议会议员的产生，均按照平等、直接、无记名投票方法选举，议员应对该选举区的选民负责。最高权力机构为边区参议会，各级行政长官（边区主席、县长、区长、乡长）由各级议会选举，边区政府各厅长的任命，应得到边区议会同意。边区和县议会闭会期间，设县、边区常驻议员，代表议员行使议事、管事、监督等职权。陕甘宁边区民主政权建设中，先后召开过三届四次边区参议会代表大会。

1937年5月12日，陕甘宁边区政府公布《陕甘宁边区选举条例》，之后的1941年、1945年的几次较大规模的选举，都是通过普遍、直接、平等、无记名、发表竞选演说、差额选举、看政绩、发挥新闻的舆论监督作用等形式，选举出自己最为信任的"官"和政府。

无论是发展民主，还是健全法制，都离不开党的正确领导。这又与党政关系的和谐，特别是党内各项制度的建立健全，有着密切的关系。其中最为重要的，就是坚持民主集中制，实行"民主基础上的集中，集中指导下的民主"。

1927年6月，中共中央政治局通过的《中国共产党第三次修

中共中央在延安：一个马克思主义政党的崛起

中国模式

中国共产党的领导下把科学社会主义原则与当代中国国情和时代特征相结合，走出一条以改革开放和社会主义现代化建设为实践基础的新型发展道路。利用经济全球化带来的机遇尽量降低对我国经济的冲击，把影响降到最低，实现经济全面健康可持续的发展。

「中国模式」是以公有制为主体，多种所有制共存的经济模式为基础，实行双调控模式即国家调节为主导，市场调节为基础的双重调节模式。按照市场经济条件下的按劳分配为主体，多种分配方式并存的，在全球化的背景下不断努力探索出来的一种成功的发展模式，取得了举世瞩目的成就。它最主要的成功经验就是坚持独立自主、走符合中国国情的可持续发展道路。

正章程决案》，第一次将民主集中制写入党章，规定"党部的指导原则为民主集中制"。从此，"民主集中制"成为中国共产党始终遵循的组织原则，并以此为中心构建了自己的制度体系。

1938 年召开的中共六届六中全会，鉴于王明擅自用中共中央名义发表错误观点，以及张国焘分裂党和红军的活动，将健全民主集中制作为会议的重要议题。刘少奇负责起草了《中共扩大的六届六中全会关于中央委员会工作规则与纪律的决定》《中共扩大的六届六中全会关于各级党委暂行组织机构的决定》《中共扩大的六届六中全会关于各级党部工作规则与纪律的决定》等重要文件。他还用"四个服从"的表述，对民主集中制进行了言简意赅地概括："少数服从多数，个人服从组织，下级服从上级，全党服从中央"，"党的一切工作由中央集中领导"。

1939 年 7 月 8 日和 12 日，刘少奇在延安蓝家坪马列学院窑洞外的广场上，向学员们做了两次《论共产党员的修养》的演讲。在这篇党的建设经典文献中，他根据自己的长期观察和切身体会，系统论述了共产党员应该怎样加强马列主义理论修养、思想意识修养和组织纪律修养。加强组织纪律修养，关键就在于无条件地执行党的民主集中制。

在陕甘宁边区的农村支部生活中，就有民主集中制的鲜活实践。1942 年 10 月 25 日，《解放日报》专门报道了赤水县《一个支部改选的经过》。在选举前，先召开支部大会，由支部书记报告工作，然后发扬批评与自我批评的作风，接受全体党员的民主评议。在选举时，事先由支委会准备好候选名单，然后提交大会讨论和票决。新的支部选举出来后，集中大会讨论的意见，制订新的工作方针和计划，作为全体党员行动的指南。

中共七大通过的新党章，不仅在总纲中提出"中国共产党是按民主的集中制组织起来的"，而且根据实践经验，总结了民主集中制的四项基本条件："党的各级领导机关由选举制产生"；"党的各级领导机关向选举自己的党的组织作定期的工作报告"；"党员个人服从所属党的组织，少数服从多数，下级组织服从上级组织，部分组织统一服从中央"；"严格地遵守党纪和无条件地执行决议"。

这四项基本条件就是党内实行民主集中制的选举制原则、定期报告原则、四个服从原则和遵守党纪、执行决议的原则。这表明中国共产党对民主集中制的理论与实践，已经有了比较成熟的认识。

在一个国家的各种制度中，政治制度处于关键环节。在我国，民主集中制既是党的组织原则，也是以人民代表大会为核心的国家机构的组织原则，党和国家领导体制因此而有效地组织起来。如果说西方的政治模式是代议制民主，那么中国的政治模式则是民主集中制。现在，中外思想界都在讨论"中国模式"，民主集中制正是"中国模式"最核心的制度优势。换句话说，支撑"中国模式"的根本制度是人民代表大会制度，其生命力和优势来自民主集中制。

延安精神，永葆青春

延安精神，绝不拘泥于延安、陕北，也不停滞于延安时期，它是星星之火，以迅雷之势燎原。

在空间的横向扩展中，它不断在延安以外的地区扎根发芽，甚至枝繁叶茂。哪里有人民，哪里就有对美好生活的向往；哪里有共产党和他们的部队，哪里就有发扬延安精神的萌芽，呈现出共产党治理地区的清明景象。

中国第一个统一战线性质的敌后抗日民主政权——晋察冀边区政府，成为延安精神的空间延伸。晋察冀边区政府在政治上实施"三三制"，召开边区军政民代表大会，并精兵简政，以减轻群众负担；经济上对农民实施减租减息，税收上采取累进税制，奖励垦荒，兴修水利，并建立银行发行边币；边区政府还建立了军区医疗系统和边区医疗系统，改善当地落后的医疗状况；同时，当地女性的地位也大大提高。

从政治、经济到文化，晋察冀边区政府几乎与延安保持着一致的节奏。美国战地记者杰克·贝尔登到晋冀鲁豫边区，也发现：由"三三制"的参议会选出的边区政府，其行政机构也许是全世界同等规模的政府中最精简的一个。边区、专区、县、乡各级政府加起来，总共只有12.5万名男女公职人员。这个数目除了官员以外，还包括警察、职员、文书、警卫、伙夫、通讯员和饲养员等。

政府工作人员没有固定薪金，他们每日配给25盎司的粮食和3个半美分的菜金，每月发3美分的津贴费。他们两年发一套棉衣。厨师、

食堂人员、饲养员和赶车的多发一套，因为这些人穿衣服费一些。^①

晋冀鲁豫边区政府副主席兼财政厅厅长戎伍胜告诉杰克·贝尔登："我们全区一九四七年的开支只有一千一百万美元，其中，百分之七十来自田赋，百分之十来自工商业税，百分之五来自商品出售和关税，其余的来自烟酒税、公营事业收入和印花税。我们把收入的百分之五十用于军费，百分之二十用于政府人员薪俸和行政开支，百分之十用于教育，百分之八用于工业建设，百分之五用于公共保健，百分之四用于司法公安工作。剩余的留作储备。"

晋冀鲁豫边区的农民，"一般只向政府缴纳其收成的百分之八至十五；除此而外没有任何杂捐。农民不必向地主缴租，也没有什么别的税……令人有些难以置信的是，可以看到妇女和儿童经过簸筛把最饱满的粮食交给政府。有些人家把邻居请来鉴定自己要交到村公所去的粮食。如果邻居说粮食的成色还不够好，他们就再簸筛一遍。如果你觉得这是难以相信的，那么你应当知道，农民懂得这些粮食不会落入城里商人或贪官的手里，而是送给自己的子弟和亲人在那里作战的军队的"。^②

杰克·贝尔登曾与晋冀鲁豫边区的农民有一段对话：

"您太吃苦啦！"我说。这是通常表示同情的话。

"是累啊。"他停下来回答说。夫妻二人抬起头来看我，脸上显出极度劳累的模样。

说了几句客套话后，我大胆地问他们，新中国成立后干活儿是不是比在日本人或蒋介石统治时期更重一些。

"是更重一些。"农民回答。他笑了笑，用袖子擦擦额头的汗，"大伙儿都干得多了"。

"八路军来了后，你们的生活下降了吧？"

农民突然抬起头来。"什么下降！"他不高兴地说，"才不是呢！提高了！"

---

① 参见［美］杰克·贝尔登：《中国震撼世界》，邱应觉等译，北京出版社 1980 年版。
② 参见［美］杰克·贝尔登：《中国震撼世界》，邱应觉等译，北京出版社 1980 年版。

"你得多干活儿了，这能算生活提高吗？"

"怎么不算？当然是提高啦。"

我看看这位农民，看看犁，又看看他那累得够呛的老婆。干活儿更重了反而说生活提高了，这真是令人难以相信。我以为自己听错了。可是那位农民很坚决地重复了这个意思，使人无法怀疑。

"过去我们给地主干活儿，现在给自己干活儿，自己收，自己得。""你们机器多呗。我们要是有了机器，也不用干那么重的活啦。""自私自利的人才不劳动呢。"①

晋冀鲁豫边区也有互助劳动的变工队、互助组、共耕社。经济困难时，边区开展生产运动，实现了"布匹自给，所生产的油足供每家每户点灯，还生产了面粉、纸张及各种重要用途的皮革"。②

杰克·贝尔登无论走到哪个村子，都能看到，"那些不久前还与教育无缘的泥腿子们在聚精会神地做功课，或者成群结队地上冬学，或者在场院观看乡村剧社的演出，或者倾听人用号筒读报上的新闻，或者研究刷在墙上的标语并费力而耐心地把其中的字读出来"。③

杰克·贝尔登笔下的晋冀鲁豫边区，又是共产党局部执政的样板。

共产党落脚陕北，其13年的局部执政如鱼得水，因南京沦陷跑到陪都重庆的国民党却狼狈不堪，从"中国的中央政府降为深山沟里的逃难政府"：少了海关税收，国民党政府，银根吃紧，于是巧立名目繁多的苛捐杂税，百姓怨声载道；通货膨胀严重，人民寝食不安；贪污腐败严重……

1947年，国民党部队大举进攻陕甘宁边区，以毛泽东为代表的中共中央决定撤出延安，"以延安换全国"。蒋介石的阿Q精神十足，占领了延安，他就以为自己胜利了。但实际上只要他一占领延安，他就输掉了一切。首先，全国人民以至全世界就都知道了是蒋介石背信弃义，破

①　参见［美］杰克·贝尔登：《中国震撼世界》，邱应觉等译，北京出版社1980年版。

②　参见［美］杰克·贝尔登：《中国震撼世界》，邱应觉等译，北京出版社1980年版。

③　参见［美］杰克·贝尔登：《中国震撼世界》，邱应觉等译，北京出版社1980年版。

坏和平，发动内战，祸国殃民，不得人心。这是主要的一面。不过，蒋委员长也有自己的想法：只要一占领延安，他就可以向全国、全世界宣布，"共匪巢穴"共产党总部已被捣毁，现在只留下股匪，而他只是在"剿匪"，这样，也就可以挡住外来的干预。不过这只是蒋委员长自己的想法，是他个人的打算，并非公论。但此人的特点就在这里，他只顾想他自己的，而别人在想什么，怎么想的，他一概不管。另外须知，延安既然是一个世界名城，也就是一个沉重的包袱。国民党既然要背这个包袱，那就让他背上吧。而且话还得说回来，国民党既然可以打到延安来，共产党也可以打到南京去。来而不往非礼也嘛！

虽然各党政机关陆续撤离延安，但共产党在延安秣马厉兵的 13 年，是一段影响深远的历史。以往的辉煌与曲折，可能只是空前绝后，也无法再重来，但它们伸出无数个触角，与现在和未来建立起千丝万缕的联系。

1949 年 10 月 1 日，在举世瞩目的开国大典上，当领袖毛泽东庄严宣布："中华人民共和国中央人民政府今天成立了！"全国沸腾，为这伟大时代的开启载歌载舞。半殖民地半封建社会，变为真正的人民共和国，统一的、民主的和平局面真正出现，中国在世界上重拾尊严，人民热切期待新中国成立后的太平世界。1949 年 10 月 26 日，开国大典后第 26 天，毛泽东给延安和陕甘宁边区人民贺函：

延安和陕甘宁边区，从 1936 年到 1948 年，曾经是中共中央的所在地，曾经是中国人民解放斗争的总后方。延安和陕甘宁边区的人民对于全国人民是有伟大贡献的。我庆祝延安和陕甘宁边区的人民继续团结一致，迅速恢复战争的创伤，发展经济建设和文化建设。我并且希望，全国一切革命工作人员永远保持过去十余年间在延安和陕甘宁边区的工作人员中所具有的艰苦奋斗的作风。

延安精神的探索，如"三三制"的民主制度、廉政政府建设、土地改革、女性解放、公私经济发展等，这些涉及政治、经济、文化等方面的尝试，将从陕北走向全国，走向未来，为中国共产党执政全中国提供经验。

几回回梦里回延安，双手搂定宝塔山。

千声万声呼唤你，母亲延安就在这里！

这是 1956 年 3 月，贺敬之重回延安时，饱含深情地写下的不朽名篇《回延安》。他在回忆历史，也在昭示后人：延安改变了中国共产党的历史，延安孕育着中国共产党的未来。

1989 年 3 月，一批当年在延安工作和生活过的老同志，建议成立一个学术性群众团体，专事延安精神的研究工作。他们认为，延安时期是我们党走向成熟的重要时期，深入研究这段历史，弘扬延安精神，对加强党的建设，提高党的执政能力，具有重要意义。在彭真、马文瑞等同志的支持下，经民政部批准，1990 年 5 月 18 日，中国延安精神研究会正式成立，彭真担任名誉会长，马文瑞被选为会长。1994 年，创办会刊《中华魂》时，江泽民同志亲自题写了刊名。"中华魂"这三个字，是对延安精神最精练的概括、最精辟的诠释。

对许多人来说，"延安"这两个字，不只是一个地理名词，而是一段辉煌历史的载体，一种政治文化的标记，一种理想信念的象征，一座中华儿女共同拥有的精神家园。

在改革开放事业初创之际，当广东第一次提出建立经济特区的设想时，邓小平就说，可以划出一块地方叫作特区，陕甘宁边区就是特区嘛！他还鼓励大家，"杀出一条血路"。经济特区不辱使命，在新的历史条件下弘扬了延安精神，创造了改革开放的辉煌成就。

习近平说："我们党是一个具有长期奋斗历史和优良革命传统的党，也是一个紧跟时代步伐、善于与时俱进的党。党的建设必须坚持继承和创新相结合，结合时代条件发扬党的光荣传统和优良作风。老一辈革命家和老一代共产党人在延安时期留下的优良传统和作风，培育形成的延安精神，是我们党的宝贵精神财富。今天，全面从严治党要继续从延安精神中汲取力量。要把抓理想信念贯穿始终，提高辩证思维、系统思维能力，保持党同人民群众的血肉联系，始终为党和人民事业艰苦奋斗、不懈奋斗。"

从任人宰割、一盘散沙到民族独立、人民解放，从千疮百孔、积贫积弱到国家富强、人民幸福，中国共产党在九十多年波澜壮阔的征程中，带领着中国正以令人不可争议的速度崛起和强大，"崛起"的欣喜以及油然而生的大国自豪，还会不经意间流露。

中华民族伟大复兴的中国梦，我们曾经离它如此之远。而今，我们离它却又如此之近。就像毛泽东迎接革命高潮时所说的这段名言："它是站在海岸遥望海中已经看得见桅杆尖头了的一只航船，它是立于高山之巅远看东方已见光芒四射喷薄欲出的一轮朝日，它是躁动于母腹中的快要成熟了的一个婴儿。"

很多人怀念"延安是天堂"的岁月。由于时代变化，我们不可能完全复制 20 世纪三四十年代的延安气象，但延安社会中所体现的信仰、理想、平等、尊严、民主等内涵，人人心向往之，是任何理想社会模型都必备的元素。为实现理想社会产生的延安精神，从烽火连天的战争岁月走出，如今在大时代的每一个进程中，被赋予更为丰富而深刻的含义。今天，中国的改革，再次走到一个十字路口。没有什么问题比选择什么样的前进路径，更让人关注。中国共产党与政府该如何抉择？万变不离其宗。所有的抉择立足点依然是"全心全意为人民服务"，而群众依然是党的执政基础，践行群众路线也同样是党的优秀传统和重大政治任务。

习近平总书记指出，只要共产党永不动摇信仰、永不脱离群众，就能无往而不胜。而要坚持群众路线，就要时刻把群众安危冷暖放在心上，及时准确了解群众所思、所盼、所忧、所急，把群众工作做实、做深、做细、做透。要正确处理最广大人民根本利益、现阶段群众共同利益、不同群体特殊利益的关系，切实把人民利益维护好、实现好、发展好。要随时倾听人民呼声、回应人民期待，保证人民平等参与、平等发展权利，维护社会公平正义，在学有所教、劳有所得、病有所医、老有所养、住有所居上持续取得新进展，不断实现好、维护好、发展好最广大人民根本利益，使发展成果更多更公平惠及全体人民，在经济社会不断发展的基础上，朝着共同富裕方向稳步前进。

同时，还要弘扬党的光荣传统和优良作风，坚决反对形式主义、官僚主义，坚决反对享乐主义、奢靡之风，坚决同一切消极腐败现象作斗争，永葆共产党人政治本色，矢志不移为党和人民事业而奋斗。

继续深化改革已成为共识，市场经济更为豁然开朗，民间资本获得更多创富自由，全面从严治党，政府向服务型政府转型，反腐利剑高悬……与战火硝烟时代的延安相比，我们生活的国度已有了翻天覆地的变化，但我们对美好生活的向往，对路径的选择，在经过重重蜕变与漫长磨砺之后，依然可回溯到 20 世纪三四十年代的延安。

从群众路线教育、"三严三实"再到"两学一做"，恰恰是对延安精神的传承。人们对政府的执政期待，如"小政府，大社会""服务型政府""民主型政府"等，抽丝剥茧，也就是"全心全意为人民服务"、肯走群众路线的政府。而对于大部分居于江湖之远的人们，延安精神所辐射的历史价值，并非事不关己。因为，"有什么样的人民，就有什么样的政府"。

在未来的征程中，我们无法知道中国共产党还将经受何种考验，也无法预料中国共产党还将遇到何种挑战。但有一点是可以肯定的：坚持实事求是，奉行人民至上，拥有过硬队伍的中国共产党，一定能够走在时代前列，带领中国人民不断前进，实现中华民族伟大复兴的中国梦。

延安精神的荣光，将一直绽放！

主要参考文献

一、著作类

1.《毛泽东选集》第二、三卷,人民出版社 1991 年版。

2. 习近平:《在第十二届全国人民代表大会第一次会议上的讲话》,人民出版社 2013 年版。

3. 赵超构:《延安一月》,中国国际广播出版社 2013 年版。

4. 成仿吾:《长征回忆录》,人民出版社 2006 年版。

5. 朱鸿召:《延安曾经是天堂》,陕西人民出版社 2012 年版。

6.《吴伯箫散文选》,人民文学出版社 1983 年版。

7. 李辉:《封面中国 2——美国〈时代〉周刊讲述的故事(1946—1952)》,长江文艺出版社 2012 年版。

8. 中共中央党史研究室:《中国共产党历史第一卷(1921—1949)》,中共党史出版社 2011 年版。

9. 中央电视台等:《延安延安》,中国民主法制出版社 2014 年版。

10. 中央电视台等:《大鲁艺》,中国民主法制出版社 2014 年版。

11. 中共中央文献研究室编、金冲及主编:《毛泽东传(1893—1949)》,中央文献出版社 1996 年版。

12. 赵连雄、石和平主编:《新中国的雏形——陕甘宁边区政权史话》,中国民主法制出版社 2012 年版。

13. 石杰等主编:《在西北局的日子里》,陕西师范大学出版社 2013 年版。

14. 梁星亮、杨洪主编:《中国共产党延安时期政治社会文化史论》,人民出版社 2011 年版。

15. 甘棠寿、王致中等主编:《陕甘宁革命根据地史研究》,三秦出版社 1988 年版。

16. 中共延安地委统战部、中共中央统战部研究所编:《抗日战争时期陕甘宁边区统一战线和三三制》,陕西人民出版社 1989 年版。

17. 西北五省区编纂领导小组、中央档案馆编:《陕甘宁边区抗日民主根据地》(回忆录卷),中共党史资料出版社1990年版。

18.《习仲勋传》编委会编:《习仲勋传》(上卷),中央文献出版社2008年版。

19. 陕甘宁边区财政经济史编写组、陕西省档案馆编:《抗日战争时期陕甘宁边区财政经济史料摘编》,陕西人民出版社1981年版。

20. 陕西省档案馆、陕西省社会科学院合编:《陕甘宁边区政府文件选编》(第五辑),档案出版社1988年版。

21.《延安市妇女运动志》编纂委员会编:《延安市妇女运动志》,陕西人民出版社2001年版。

22. 中国科学院历史研究所第三所编:《陕甘宁边区参议会文献汇辑》,科学出版社1958年版。

23.《陕西年鉴》编辑部编:《陕西年鉴1988》,陕西人民出版社1989年版。

24. 延安地区供销合作社等编:《南区合作社史料选》,陕西人民出版社1992年版。

25.《延安自然科学院史料》编辑委员会编:《延安自然科学院史料》,中共党史资料出版社、北京工业学院出版社1986年版。

二、译著类

1. [美]埃德加·斯诺:《西行漫记》,董乐山译,东方出版社2010年版。

2. [美]杰克·贝尔登:《中国震撼世界》,邱应觉等译,北京出版社1980年版。

3. [美]卡萝尔·卡特:《延安使命:1944—1947 美军观察组延安963天》,陈发兵译,世界知识出版社2004年版。

4. [法]K.S.卡罗尔:《毛泽东的中国》,刘立仁等译,贵州人民出版社1988年版。

三、论文类

1. 唐正芒:《"大生产运动"中毛泽东给22位模范的题词》,《文史博览》2007年第11期。

2. 李祥瑞:《合作社经济在陕甘宁边区经济建设中的地位》,《西北大学学报》(哲学社会科学版)1981年第3期。

四、报刊类

1.《关于群众的文化教育建设草案》,《新中华报》(延安),1937年4月29日。

2.《介绍陕甘宁边区组织集体劳动的经验》,《解放日报》1943年12月21日。

3. 张铁夫：《医务界的创作——记延市卫生展览会》，《解放日报》（延安），1944 年 7 月 23 日。

4. 林伯渠：《由苏维埃到民主共和制度》，《解放》1937 年第 5 期。

5. 习近平：《全面贯彻落实党的十八大精神要突出抓好六个方面工作》，《求是》2013 年第 1 期。

五、其他

《陕北苏区对中央红军长征的重要贡献》，中国人民政治协商会议榆林市委员会网，http://www.ylzx.gov.cn/show.php?cid=9&id=2005。